写给中国儿童的名*

电脑天才
比尔·盖茨

张芳 ◎ 主编

东北师范大学出版社
NORTHEAST NORMAL UNIVERSITY PRESS

写给中国儿童的名人传记故事

前言

　　名人故事是名人一生经历的总结,可以点燃孩子心中的激情与梦想。许多伟大的历史人物在青少年时期,就把名人作为自己的榜样,并从他们的人生经历中汲取营养,借鉴经验,并确定自己的人生目标,汲取动力。孩子在阅读名人故事的过程中,可以从名人身上吸取成功的经验,学习他们为获得成功养成的良好品质,以及面对困难时的积极、乐观的态度,以及刻苦努力、坚持不懈的精神,从而让自己在成功路上少走弯路。

　　为此,我们特邀众多国内权威教育专家与一线教育工作者一起编写了这套"写给中国儿童的名人励志故事"丛书。这套书精选了爱因斯坦、牛顿、贝多芬、居里夫人、富兰克林、爱迪生、霍金、诺贝尔、乔布斯和比尔·盖茨共十位极具代表性的国外名人,用生动、优美的语言详略得当地讲述了他们奋斗的一生。霍金虽身患重病但依然坚持科学研究,贝多芬不向命运低头,比

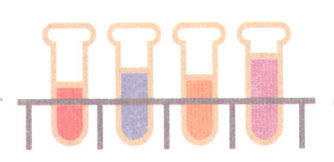

尔·盖茨用软件改变世界……孩子在这些名人故事中可以领略到不同行业的风景,获得人生智慧,感受名人魅力。

这套书不是简单地堆砌名人材料,而是选取他们人生经历中富有代表性或趣味性的故事,以点带面,从而折射出他们丰富多彩、不拘一格的个性和波澜壮阔、充满传奇的人生。另外,我们在每个章节后面,都设置了一个"成长加油站",将名人故事与孩子成长过程结合起来,从而使孩子收获成长的养分;而"延伸思考"版块则根据章节内容,向读者提问一到两个问题,引导孩子深入思考,获得启发。

希望在这些名人的陪伴下,我们的小读者能够茁壮、健康地成长,成为对国家和社会有益的人!

目　　录

第一章　不同寻常的小孩……………………………… 1

第二章　徒步行军，不甘落后………………………… 8

第三章　不服输的童子军………………………………13

第四章　计算机的痴迷者………………………………17

第五章　合格的中学生程序员…………………………28

第六章　就要做最好的…………………………………33

第七章　划过夜空的星星………………………………40

第八章　应运而生的微软………………………………44

第九章　起步的艰难……………………………………51

第十章　小董事长与大管家……………………………58

第十一章　重回西雅图…………………………………62

第十二章　失而复得的良机……………………………66

第十三章　计算机软件领域的佼佼者…………………71

第十四章	进军日本市场	78
第十五章	转战欧洲市场	83
第十六章	展开反击	87
第十七章	Windows奇迹	91
第十八章	微软股票上市	98
第十九章	进入中国市场	103
第二十章	开发网络软件	108
第二十一章	来自IBM和苹果的威胁	113
第二十二章	低调的比尔·盖茨	118

第一章　不同寻常的小孩

比尔·盖茨于1955年10月28日出生在美国西北部最大的海岸城市西雅图。

母亲玛丽望着躺在自己臂弯中的可爱的孩子，问家人："给他取个什么名字呢？"父亲高兴地回答："我在他的出生证上已经填上威廉·亨利·盖茨，同我的名字一样。"但是，孩子的外婆喜欢叫他"小比尔"，后来大家也就习惯称他为"比尔·盖茨"。

比尔·盖茨的父亲威廉·亨利·盖茨是个性格拘谨、不太健谈却身材魁梧、喜欢运动的人。1943年他高中毕业后应征入伍；两年后进入乔治亚州本宁堡军官培训学校；1946年退役后，他又到华盛顿大学法律系念书，并在那里通过朋友的介绍，认识了玛丽·麦克斯韦尔·盖茨。两人结婚后，便在西雅图居住。1955年10月28日，比尔·盖茨就在这儿出生。

西雅图城市图片

比尔·盖茨的母亲玛丽·麦克斯韦尔·盖茨

那时他的家庭并不富有,社会地位也远远算不上显赫。但盖茨一家人日子过得其乐融融,彼此相处十分亲密和睦。比尔·盖茨的父亲一直有很强的进取心和远大的抱负。他老成持重、德高望重,做过华盛顿州律师协会主席,还出任过全美律师联合委员会主席,在法律界有极好口碑。

比尔·盖茨的母亲玛丽曾经在学校担任过老师,但在盖茨出生后,就把工作辞掉了,在家专心照顾家人和孩子。她性格温和,举止典雅,处事果断利落,一直是这个家的中心人物和驱动力。虽然不去工作了,但她依然对社会工作怀有极大的兴趣。她做过社区服务人员,在西雅图历史和发展博物馆做义务讲解员,还常去各地学校为学生们讲解本地文化和历史。她在教育界和社交界都享有极高的声誉。

盖茨在家里排行老二,他还有一个姐姐和一个妹妹。每次全家在一起用餐时,都会围坐在桌子旁进行激烈的讨论。他们喜欢在饭桌上谈论各种各样感兴趣的问题,如各自的活动和经历,以及长大后要从事的工作等。比尔·盖茨后来回忆说:"我家的生活非常丰富多彩,我们可以在家中学到许多东西。大家最喜欢的事情是读书、聊天和做各种游戏。"

比尔·盖茨小时候就精力旺盛、活泼好动。据说他在婴

儿时期就喜欢让摇篮有节奏地摇晃；长大后，他在一匹玩具木马上又体验到了摇晃的快乐，并一直保持着这个独特的喜好，以至于后来他把整个微软公司的员工都"传染"了。在开会时，经理们坐在靠椅上，边讨论边同总裁一起摇摇晃晃，这也成了微软公司一道特有的风景。

比尔很小就表现出了与众不同的性格，他不喜欢与别人一起玩，只愿意一个人干喜欢的事情。而且他做事执着，与众不同。只要他想做一件事情，就一定要做到最好，与别人比赛，就一定要胜过别人。

一天，比尔和姐姐玩拼图板游戏。正当两人玩得高兴的时候，突然，他把手里的拼板重重摔在地上，嚷着："我不拼了！"

姐姐把他摔在地上的拼板捡起，来到他跟前，疑惑地问道："弟弟你怎么了？"小比尔抹抹眼泪，说："我总拼不好，可你拼得总是比我又快又好……"

姐姐笑了笑，说："好弟弟，没有人一开始就拼得又快又好啊，等熟练了就好了。我教你，你又不让……"

从他与姐姐玩游戏的故事中，我们看到，比尔从小好胜心非常强，无论做什么都要超过别人。但比尔也的确是一个努力、爱读书的孩子，在三四岁时他就喜欢全神贯注地听母亲给学生们讲解本地的文化和历史知识。而且外祖母爱读书的习惯对他也产生了很深的影响。在母亲和外祖母的文化熏陶下，比尔很小的时候就掌握了大量的词汇，并养成了阅读的好习惯。

童年时期的比尔·盖茨经常待在父亲的书房里,一待就是几个小时,如痴如醉地阅读。他对儿童书籍,比如说童话、卡通之类的书并不感兴趣,反而对大人们阅读的书情有独钟。《世界图书百科全书》就是他最喜欢读的书。

比尔·盖茨从《世界图书百科全书》中获取了大量的知识,同时也发现了这本书的不足之处。随着阅读量不断增加,比尔又产生了一个新想法:将文本、图片与声音、动画结合起来。当时,他的这个想法并没有得以实现,但30年后,他的微软公司编制的Encarta软件就做在一张小小的光盘上,第一版就收了2.6万个词条,900万字的文本,还包括总共8小时的声音、1000幅照片、800幅地图、250张图表、100多张动画和视频录像。把这张光盘放进一台多媒体家用电脑里,就能图文并茂地享用这部非凡的百科全书了。

虽然比尔·盖茨非常喜欢学习和阅读,但他并不是老师眼中的好学生。上三年级时,有一天比尔放学回来,躺在沙发上,一脸不高兴。

妈妈问他:"小比尔,怎么啦?"

"罗勃老师请你明天去学校。"比尔情绪低沉地说。

"为什么?"妈妈惊奇地问。

"我不想上学了!"比尔突然脱口而出。

妈妈吓了一跳,睁大眼睛问道:"怎么回事?"

"罗勃老师讨厌我,我也讨厌他!"比尔愤愤地说。

第二天上午,比尔·盖茨的妈妈匆忙赶到学校。快要走

第一章　不同寻常的小孩

近比尔·盖茨的教室时,忽然听到罗勃老师发怒的声音。

"为什么我每次叫你时,你都听不到,需要伊莉莎白提醒你?你在想什么?"

"我只是在想事情……"比尔·盖茨吞吞吐吐地说。

"还有,昨天我不是跟你说过吗?让你整理桌子!瞧你的桌子乱成什么样子,简直比垃圾堆还要乱!"比尔·盖茨的妈妈玛丽实在听不下去了,急忙走进教室,把罗勃老师和其他学生都吓了一大跳。

玛丽不停地向老师解释道:"比尔·盖茨绝对不是一个坏孩子,也不是要故意与您作对,只是他散漫惯了。"

罗勃老师却听不进去,他一直重复一句话:"秩序是一切的基础。"他还把比尔·盖茨的"罪状"一股脑儿列举出来,"他总是在课堂上坐不住,老是让身体晃个不停,可到了下课时间,反而又懒得出去玩耍,只是安静地坐在自己的位子上看书……"

比尔在上四年级时,卡尔森老师是他的班主任,卡尔森在管理聪明孩子方面非常有经验,善于运用不同的教育方法教育不同的学生。她从来不批评或打骂比尔,而是经常鼓励他。因为她觉得盖

比尔·盖茨的父亲威廉·亨利·盖茨

茨是一个非常聪明的孩子，智商超群。比尔之所以在课堂上做其他的事情，是因为他觉得老师讲的内容太简单了。从那以后，比尔在老师的正确引导下，才能得到了充分展现和进一步发展，而且还改掉了一些小毛病。

父母常常提醒比尔·盖茨，任何团体都有一定的规则，他不可以过于任性。当着父母的面，比尔·盖茨总是真诚地答应，但他总"管不住自己"。比方说，明明每次是在想着刚刚老师上课时，说的一点什么事情，可是想着想着，身体就不知不觉晃起来了。

比尔·盖茨始终无法适应学校生活，所以他的父母在他四年级时，甚至想让他降级。校长为此特别邀请了比尔·盖茨的新班主任卡尔森女士，让她与盖茨的爸爸妈妈一起讨论这件事。

校长说："其实最重要的不是降级，让每一个孩子在学校里都能很快乐，是我们最希望的。"

比尔·盖茨妈妈连连点头说："我也希望比尔·盖茨快乐。他跟不上老师的教学进度，而且还不愿意写作业，所以才想让他降级。而且好像班上也没有几个同学能与他玩得来。"

校长问卡尔森老师："你认为呢，卡尔森女士？"

"我倒不认为比尔·盖茨跟不上，只是觉得他太特别，他不肯写作业，可能我布置的作业对他来说太简单了吧。"

比尔·盖茨的爸爸高兴地问："真的吗？你真的认为比

尔·盖茨很特别？"

"是的，表面上看来他似乎很散漫，精神不集中，其实他的计算和阅读能力比同龄的孩子都强。虽然比尔·盖茨才九岁，可是他已经可以把百科全书从A到Z一字不漏地读完。随便翻开哪页，问他几个问题，他都答得出来。他是我所教过的学生中最聪明的，我估计他的智商大约在160到170之间！"卡尔森老师看了看盖茨夫妇，又强调说，"我是学特殊儿童教育的，天才就是特殊儿童！"

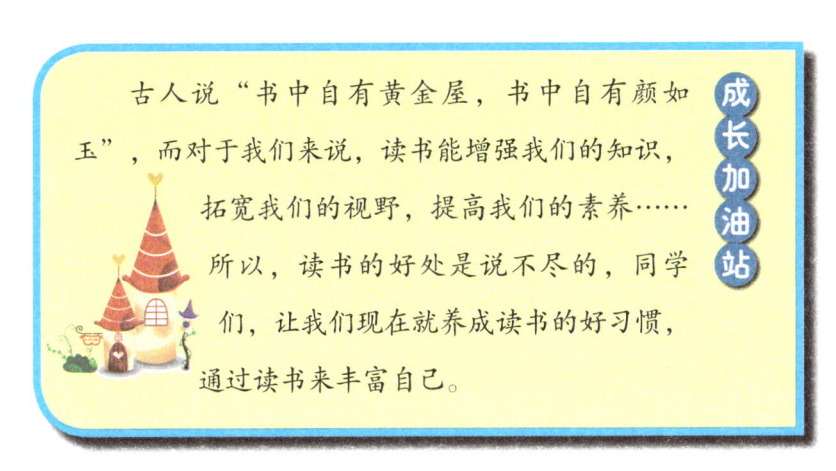

成长加油站

古人说"书中自有黄金屋，书中自有颜如玉"，而对于我们来说，读书能增强我们的知识，拓宽我们的视野，提高我们的素养……所以，读书的好处是说不尽的，同学们，让我们现在就养成读书的好习惯，通过读书来丰富自己。

延伸思考

1. 比尔·盖茨最喜欢做的事是什么？

2. 卡尔森老师为什么不同意比尔·盖茨留级？

第二章　徒步行军，不甘落后

"比尔·盖茨会是天才？"盖茨夫妇都有些喜不自胜。在卡尔森老师和校长耐心地解释下，盖茨夫妇打消了让比尔·盖茨降级的念头。

对于一个小学生来说，放暑假是非常令人兴奋的，因为不用每天早早起床去上学，可以每天睡懒觉，也不用写作业了；还能利用假期的时间，与爸爸妈妈一起外出旅游等。

但比尔·盖茨在今年暑假不能出去玩了。学校决定利用假期举行为期一周的50英里徒步行军。许多同学的父母担心把孩子累坏，不让孩子参加，但比尔·盖茨的父母鼓励他积极参加这次活动，并告诉盖茨只有多参加集体活动，才能有更多的机会与同学接触，从而学到与人相处的经验，并且在活动中能够得到各种锻炼。"开始活动的这天早晨，同学们都来到学校的操场上集合，背着行囊，列队等待出发。

比尔·盖茨和他的同学爱德蒙站在队伍的前面。他穿着新买的筒靴，昂头挺胸，仿佛是一位即将奔赴战场的小战士。

"出发！"老师高喊一声。同学们列队前行，开始了徒步行军的路程。

第二章　徒步行军，不甘落后

为了让同学们多吃点苦头，老师尽量选择难走的路。刚开始走在城里笔直宽阔的公路上，同学们感到很轻松，边走边嘻嘻哈哈地说笑着。但出城没多远，他们就拐上一条山路，路面变得崎岖不平。可能由于刚踏上山路，同学们被路旁景色吸引了，并不觉得怎么累。

随着太阳越升越高，天越来越热，同学们开始出汗，行进速度也渐渐慢下来。老师看到大家有些松懈，便大声地鼓励大家说："同学们，坚持住啊，真正的考验还在前面呢！"

比尔与爱德蒙一起，走在队伍的最前面。比尔暗暗地在心里憋足了一股劲儿：自己一定要自始至终走在最前面。爱德蒙知道比尔从不甘心落后于人，便陪他一直走在队伍前面。可是他看到比尔总在皱眉，脸上露出痛苦的表情。"比尔，你怎么了？"爱德蒙问。

比尔低声说："我的脚被磨得有点疼。"比尔·盖茨的新筒靴略微大了些，不太合脚，磨得脚很疼。开始比尔·盖茨没有太在意，但随着路程的延伸，靴子上就像长了牙齿一样，他每走一步，脚就好像被咬一口，只能慢下来，一瘸一拐地向前走。

"那赶紧去找随队医生！"爱德蒙说。

"嘘——"比尔·盖茨拉住了爱德蒙，向四周看了看，示意他小声些，说道："我再坚持一下，也许就没事了。"

行进的道路越来越难走，路面上有很多大小不一的石子，硌着脚。比尔·盖茨咬着牙一声不响地坚持着。

电脑天才比尔·盖茨

午休终于到了。有的同学累得躺在地上直喘粗气,有的边捶腿边喊苦叫累。比尔·盖茨溜到了一个僻静的地方,坐在一块石头上,慢慢把靴子脱下,两只脚的后跟都磨出了一个拇指大小的水泡。他拿出手帕撕成两半,把两只脚缠好,又慢慢地穿上靴子,然后不声不响地回到了队伍当中。

山路越来越难走,下午的路漫长极了,同学们感到肩上的背包越来越沉重。而此时的比尔·盖茨不仅脚疼,而且非常疲惫,靴子里变得湿漉漉的。

终于按照计划在第一天走完了8英里,同学们浑身都像散了架一样,不再像出发前那样叽叽喳喳说个不停了。老师和随队医生给每位同学做身体检查。

学生时期的比尔·盖茨

轮到比尔时,老师和医生看到他的脚竟缠着手帕,惊奇地问道:"比尔·盖茨,你的脚怎么了?为什么用手帕缠着?"

"没什么,老师。它只是起了两个水泡。"比尔毫不在意地说。

"解开看看。"老师说。

比尔·盖茨把脚上的手帕解开,只见鞋已经把那两个水

泡磨破了,斑斑的血迹沾满了手帕。更糟糕的是,他的脚趾上也磨起了不少水泡。

医生给比尔·盖茨脚上的伤口做了处理后,用纱布缠好,又让他吃了两片止痛药。

"能坚持住吗?小伙子!"医生问。

比尔·盖茨坚定地回答:"能!"

"好样的!"医生拍了拍比尔·盖茨的肩膀,眼里满是对他的赞许。

有几位同学在第二天掉队了,爱德蒙也不想继续走下去了。比尔·盖茨鼓励着他,劝他继续走下去。

第三天下起了小雨,同学们冒雨前行,而泥泞的路面更增加了行走的难度。雨水又灌进了比尔的靴子里,走起路来哗哗直响,雨水混合着汗水在脸上流淌。他和爱德蒙手拉手互相鼓励着前行,暗自忍着脚疼,任泪水在眼里打转却始终没有放弃。

比尔的脚伤已经不适合再走下去,但他还是不肯放弃。老师没办法只能给他的母亲打电话。很快比尔的母亲就开车来了,终于把比尔劝说回家。在回家途中,比尔流着泪把自己的靴子扔到汽车窗外说:"都是这双破靴子,害得我成了失败者。"

母亲耐心地劝解道:"比尔,别这样说,你没有失败,连医生和老师都十分敬佩你克服困难的精神和勇气。看到你的这种精神,人们都会相信你一定能把全程走完,并一直走在最前面。"

比尔虽然还只是一个小孩子,却常常像大人一样思考,并喜欢随时把自己的感受记录下来。他曾在日记中写道:"人的生命就像一场正在燃烧的'火灾',一个人所能做到的,就是从这场'火灾'中,竭尽全力抢救出点儿东西来。"这么小的年纪,就开始了思考生命,这在同龄的孩子中是很少见到的。

这时比尔就已经有了远大的抱负,他曾经对一个小伙伴这样说:"与其做一株地上的小草,不如做一棵在秃丘上高耸的橡树。小草毫无个性,而橡树则挺拔高大,傲视天穹。"

成长加油站

通过学校组织的徒步活动,我们看到比尔是一个坚定、好胜心强的孩子,他总想走在队伍的前列,但是由于穿的靴子不合适,最终让他无法胜利地完成徒步活动。但他的勇敢和坚定让老师和医生很佩服,这也是他日后走向成功的基本潜质。同学们在生活和学习的过程中,遇到困难也不要害怕,要勇敢地面对,想办法解决困难,做一个不怕困难的强者。

延伸思考

1. 比尔为什么没有完成一周徒步活动?

第三章　不服输的童子军

在班上，比尔·盖茨一直都是年龄最小的学生，但他所掌握的数学和自然科学方面的知识，却已远远地超过了其他同学。比尔在那时已经显示出独立好强的个性，事事都想自己做主，不想父母插手自己的生活。为此，他还经常和母亲发生争吵。

在小学期间，比尔就对成绩有自己的看法，在他看来，分数的好坏并不重要，而学到东西才是最重要的。在学习的时候，他不会死用功，而是能在学习中发现一些规律，所以总能轻松地拿到高分。而且在学习过程中，他非常注重发挥自己的兴趣和特长。

在小学六年级时，他曾写过一篇名为《为比尔·盖茨股份有限公司投资》的文章。在文中他讲到了许多有关创办企业的细节问题。一个小学生能用老板的思维模式写出这样的好文章，让老师感到非常意外。而且那时的比尔对一种名为"冒险"的棋盘游戏非常感兴趣。

比尔11岁时，父母发现他就读的那所学校已经无法满足

他的求知欲。为了适应他的智力发展，父母决定为他找所新学校，于是就把比尔送到了湖滨中学。这是在西雅图以自由闻名的一所私立学校。

六月的西雅图，是个多雨季节。学校的童子军186队出门远行总是选择这样的季节，而比尔·盖茨总是一个狂热的参与者。

好朋友莱特问他："比尔·盖茨，你知道咱们这次出行的目的地是哪里吗？"

比尔说："喀斯喀特山吧。听说那里山高路险、风景独特。"

"老天最好别下雨，不然咱们可就遭殃了。"莱特乞求着说。

队伍出发了。比尔·盖茨照例又扛着旗走在队伍最前面。突然，天空越来越暗，乌云一会儿工夫就聚成黑压压的一片。大雨就要来了。

带队的老师问道："勇敢的童子军战士们，喀斯喀特山就在前面。你们是想就地躲雨，还是准备继续前进？"

"继续前进。"童子军小战士们异口同声地回答。

"考验你们的时候到了，前进！"老师鼓励着说。

山路泥泞不堪，踩上去又滑又软。莱特在身后喊："我来帮你扛旗吧，比尔·盖茨。"

"不，我要把它插在喀斯喀特山的顶峰。"比尔坚定地说。

"比尔·盖茨,你的靴子都浸了水,浑身都找不出一条干布丝了。"莱特劝他说。

"莱特,你不也一样吗,我们都成了落汤鸡!"盖茨乐观地说。

雨越下越大,队伍只能停下来休息。然而,在风雨中,很多帐篷根本不能支起来,同学们只得在几块塑料布下面蜷缩避雨。"比尔·盖茨,快进来躲一躲!"同学们朝比尔喊道。

"不,我要守护我们的大旗,绝不能让一个军队的大旗倒下!"盖茨说。

"傻瓜,我们又不是真正的军队,干吗那么认真呢?"同学们感到比尔的做法愚蠢极了,纷纷大笑起来。"我爸爸说了,参加童子军,就是为了锻炼吃苦精神!"

雨停后,队伍继续前进。因为受到比尔·盖茨的鼓舞,同学们虽然浑身湿透了,但仍士气高涨。

很快,童子军队伍行进到一座吊桥前。吊桥很高,离海面足有四五米,走在桥上,晃晃悠悠的。

很多同学小心翼翼地爬上吊桥,抓住护栏向下望着。不知谁喊了一声:"谁敢从这里跳下去!"

"我敢!"

同学们循声望去,只见扛着队旗的比尔·盖茨大步走上桥来。莱特在后面大声叫道:"比尔·盖茨,不要去!危险!"

"童子军战士是不怕危险的。"比尔回头看了看说。

"老师！比尔·盖茨要从这里跳下去！"莱特朝带队老师大声喊着。这时，比尔·盖茨大叫一声，扛着队旗已经跳了下去。几个同学吓得失声大叫。

比尔·盖茨跳入海中后便不见了踪影，海面上只剩下黄色的队旗在漂浮着。莱特领着老师慌慌张张地跑了过来。

"老师，他在那里！"突然一位同学喊道。这时海面上冒出了一个小脑袋，比尔·盖茨正咧嘴笑着。"太过瘾啦！谁还下来呀？"

成长加油站

比尔从小就具备许多成功者的优良品格。在这次学校组织的远行中，他坚定地守着大旗，不怕吃苦，敢于冒险。在学习方面，他知道寻找学习方法，而且注重兴趣的培养。他的自主性也非常强，不愿父母插手自己的事情，这些都是同学们值得学习的品格。

延伸思考

1. 在几年级的时候比尔·盖茨写过一篇名为《为比尔·盖茨股份有限公司投资》的文章？

2. 对学习成绩比尔持什么样的看法呢？

第四章　计算机的痴迷者

进入20世纪后，科技迅猛发展，航空、火箭、原子能等技术都需要大量的运算。在这种大环境下，电子计算机便应运而生。1946年2月，在美国宾夕法尼亚大学莫尔电机学院，世界上第一台现代电子计算机"埃尼阿克"诞生了。这台电子计算机重达30吨，占地170平方米，是个名副其实的庞然大物。接着，冯·诺依曼开创了现代计算机理论，即程序内在和二进制。后来，他提出的储存程序和程序控制等理论也成了计算机工作的基本原理。冯·诺依曼也因此被称为"计算机之父"。到了1952年，冯·诺依曼研制出了一台电子计算机，这标志着计算机进入了一个新的发展时期。

在20世纪中期航天科技同样有了新的突破。1957年10月4日，苏联把世界上第一颗人造地球卫星送入太空。紧接着，美国也成功将一颗人造卫星送入太空。1961年4月12日，第一艘载人宇宙飞船由苏联发射成功，宇航员加加林成功地完成了太空飞行任务，人类遨游太空的梦想实现了。1969年美国宇宙飞船"阿波罗"号成功登上月球，成为人类实现太空梦想的一大创举。

比尔就是在这样一个科学技术高速发展的时代背景下成长起来的。西雅图是美国航天工业发展的前沿城市,这让比尔有了更多的机会接触科技成果和信息,所以他从小就对科技的发展产生了浓厚的兴趣。

而比尔所在的学校湖滨中学,虽然在教学方面很严谨,但并不希望学生拘泥于一个固定模式,而是希望学生根据自己的兴趣自由发展。

湖滨中学

比尔·盖茨从到湖滨中学的第一天起,就对那个神秘的计算机产生了浓厚的兴趣。

"这些是硬件,它就像人的身体,有手有脚,能完成各种动作;这些是软件,由程序组成,它就像人的大脑,能指挥计算机完成各种命令。"数学老师指着计算机给同学们讲解。

比尔·盖茨对这种神秘的机器充满了迷恋,而他的朋友保罗·艾伦也像他一样沉迷于电脑中。保罗·艾伦比他大两岁,高两个年级,是一个文质彬彬的小伙子。他为人谦虚,语声轻

柔，但有很强的进取精神。由于父亲曾在华盛顿大学图书馆工作过20多年，他因此有机会博览群书。他与比尔·盖茨经常在一起探讨有关计算机的种种问题，渐渐发现彼此有很多共同点，比如他们都喜欢阅读科幻小说。保罗·艾伦也广泛涉猎自然科学，对诸如"枪炮原理"和"原子反应堆"之类的问题，他都能够讲得头头是道。他和比尔·盖茨在湖滨中学的计算机房里结成了莫逆之交，经常在一起长时间探讨计算机技术的现状和前景问题。比尔说："我在十四五岁时，有幸同保罗·艾伦做了朋友。我在遇上他不久，问他汽油是从哪来的，我想知道'精炼汽油'是什么意思，我想确切知道汽油是如何驱动汽车的。在此之前，我已经阅读了这方面的书，但读完之后我更加困惑了。保罗·艾伦对汽油方面的问题非常了解，他用一种有趣而易于理解的方式解释给我听，使我茅塞顿开。我们之间也因此建立起了更加深厚的友谊……保罗能给我讲解许多我想知道的事，而我比保罗更擅长数学，比他知道更多的软件知识。我们互为对方的资料库。"

在那个时候，保罗·艾伦就已开始仔细阅读每一期《大众电子》及其他类似的杂志，比尔·盖茨却喜欢看有关商业方面的东西。两个人经常一起逃课去计算机房学习计算机。过了一段时间，他们进一步升华了对计算机的认识，比尔·盖茨对实际应用程序大感兴趣，保罗·艾伦则喜欢对计算机的语言进行探索。为了玩三联棋，在这台现在看来庞大得出奇、处理速度也慢得出奇的POP-10型计算机上，比尔·盖茨编出了第一个软件程序。这台计算机没有终端屏幕，为了下棋，他和保罗·艾伦只能在打字机式的键盘上把棋步输入，然后静待打印机把计算机处理的结果打印到纸上。其实这种玩法非常笨拙，且耗费时间，远不如使用铅笔来得快捷简单。但是比尔·盖茨认为，"关键是这台机器有那么一种妙不可言的地方"。这台被称作"迷你型"的计算机，实际上却要使用一个面积2平方英尺、高6英尺、重250磅的支架才能承载，而它的计算能力则不如现在的一些电子手表；这在今天看来，简直是不可想象的事情。

在这台计算机上，他们打算模拟成百上千的比赛，以便确定哪一种战略最为有效。比尔·盖茨后来讲到这段时间在他的兴趣发展过程中的重要性时，用了一个形象的说法："我们跟所有的儿童一样，不仅胡乱鼓捣我们的玩具，我们也把它们改变。如果你曾观察过儿童用纸板卡通和一箱蜡笔创造出一艘带冷温控制仪表的太空船，或是听到他们即兴制订一些规则，诸如'红色小车可以超越别的车'的话，你就会明白这种要求一个玩具具有更多功能的冲动是创造性儿童游戏的核心。这也是创造性活动的本质。"

比尔·盖茨之所以那么爱好计算机，与他的数学天赋是分不开的。与我们已经习以为常的十进制完全不同，计算机使用二进制形式对信息进行表达和处理。十进制需要使用从0到9一共10个数字进行计数和运算，而二进制只需要0和1两个数字就可以了。这就意味着可以在电路里用通和断两种状态来处理任何数。而电路里的通断状态是很容易由半导体来实现的。我们现在可以用硅半导体制成这样的开关，而且在

一块手表表面大小的芯片里可以集成几十万、上百万乃至几百万个这样的半导体开关,再把一切信息转变为二进制的数字,交给这样的芯片去处理。

比尔·盖茨对计算机处理文本信息的过程做出了简单明了的说明。他说:"按照惯例,数字65代表字母A,66代表字母B,依次类推。在计算机中,每一个这样的数字都以二进制方式表示:大写字母A,也就是65,用二进制表示就是01000001;大写字母B,也就是66,用二进制表示就是01000010。空格用32表示,也就是二进制的00100000。"二进制表达法是现代计算机技术的基础,理解了二进制的原理,计算机的运行过程就很容易理解了。比尔·盖茨被0和1这两个数字的神奇威力所折服,同时也把他带进了一个全新的世界。他觉得又一次经历了阅读《世界图书百科全书》时获得的那种欣喜和愉悦,体验到了严密逻辑给人带来的快感,感受到了计算机数学的清晰明澈。

与一般孩子不同,盖茨不仅不觉得那两个数字枯燥乏味,反而发现它们是那么充满魅力。他曾不止一次地这样说:"大多数杰出的程序编制员都具有某种数

保罗·艾伦与年仅13岁的比尔·盖茨在电传打字终端编制Basic语言

学背景知识,这对于人们理解那些公理和法则的纯粹性很有帮助。有了这种知识,你就不会含糊地陈述任何你所研究的问题,而只能做出一种准确的论断。你能通过数学,培养一种完美的记忆特性,你在不知不觉中就能融会贯通那些公理和法则。这样,你就可以用最少的时间解决某个悬而未决的问题。数学与编制程序两者之间有极其密切的关系,我也许会比别人更加重视这种密切性,因为我就是从这个角度来思考问题的。我认为它们之间有着一种非常自然的联系。"

在湖滨中学时,比尔·盖茨对数学的迷恋也不亚于计算机。当时他就已经开始学习华盛顿大学的数学课程,他的数学老师这样回忆他当时的情形:"他能用一种最简单的方法来解决某个代数或计算机问题。他可以用数学的方法轻松解决一切遇到的问题。我教了这么多年的书,他甚至能与那些同我工作过多年的优秀数学家媲美。当然,不仅仅是数学,他在其他方面表现得都很优秀,数学仅是他众多特长之一。"

渐渐地,比尔·盖茨在学校里成了知名的"数学家"和"计算机权威",连许多高学部的大孩子也来向他请教。他的伙伴保罗·艾伦也用些怪题来考他,向他挑战,说:"嗯,我敢打赌,你算不出这道题!"除了他们俩,还有另外两个同学理查德·韦兰德和肯特·伊文斯也是计算机爱好者。

可是不久,因为经费的原因,湖滨中学不得不停止了计算机的使用,因为在当时,使用计算机实在是太费钱了。这使比尔·盖茨和艾伦陷入了无尽的苦恼之中。

有一天,艾伦说:"我听说有一家公司允许人们使用计

算机，代价是要给他们抓'臭虫'。"

"那太好了，我们的拿手好戏不正是抓'臭虫'吗？"比尔·盖茨大声地叫了起来。

"臭虫"其实就是计算机程序的错误。过去人们在使用计算机时，发现经常出现程序错误，后来找到了原因，是一只臭虫在作怪，像是染上了病。

比尔·盖茨和艾伦马上来到这个叫作"计算机中心"的公司。"你们真有本事编制计算机程序？"公司的工程师认为眼前这两个毛头小子不过是说大话而已。

"我们是湖滨中学程序编制小组的。"说着，比尔·盖茨和艾伦开始侃侃谈起软件编制的方法。在场的人听后，都对这两个中学生刮目相看。

公司经理说："我们可以和你们签下合同。"合同规定：该公司的计算机可以供比尔·盖茨和艾伦使用，但他们必须向公司提交软件程序错误清单和有关情况的报告。于是，他们每天晚上都准时来到计算机房，对软件程序聚精会神地研究。公司的记录簿上不久就写满了有关"臭虫"的密密麻麻的记录，而他们也更深刻地体会到了计算机的奥妙之处。比尔·盖茨去计算机中心编制程序的事，他的父母并不知道，他每天很晚才回家，然后悄悄地溜进自己的房间。父母从来没有觉察到，还以为他早就入睡了呢。

几个星期之后，计算机中心公司检验这台POP-10型计算机的工作完成了。经理把他们叫到办公室，对他们说："你们回家去吧！"

"我们不可以为公司再继续工作了吗?"比尔·盖茨小心翼翼地问道。

"软件的检验工作结束了,我们之间的合同也结束了。"

"那公司的计算机可以让我们继续使用吗?"

"这可需要按时付费了。不过,看在我们曾经很好合作过的情分上,我可以少收你们半个小时的费用。"

"……好吧。不过即使这样,恐怕我们也很难负担得起。"

"唉,没有办法,大家都要吃饭,公司也需要赚钱。我只能帮助你们做这些了。"四位伙伴走在回学校的路上,一声不响。

"等着瞧吧。我们在这干了这么长时间,对计算机内的内容早已了如指掌。我们可以……"突然,比尔·盖茨向伙伴低声耳语。第二天晚上,两人又按时来到了公司。

"这里已经不需要你们了,你们又来干什么?"经理看到他们,有些奇怪地问。

比尔·盖茨从容不迫地回答:"我们还有几个问题没有解决,需要再用一用计算机。"

青年时期的比尔·盖茨

"现在需要按时付费。""我们会的。"保罗·艾伦走上前,掏出50美元放在桌子上,"可以先预付你一些。"

比尔·盖茨在里间的计算机房里,双手紧

张地在键盘上敲击着。

"防护系统密码能被我们破解吗？"艾伦有些不放心地问。

"一定能，就快完成了。"比尔·盖茨轻声地回答。

经理正在专心地读自己的杂志，以为这两个中学生只是过于痴迷计算机，并没有想到他们正在破解计算机的防护系统。"成功了！"比尔·盖茨轻声说道，脸上带着难以抑制的兴奋。比尔·盖茨终于把防护系统的密码破解了。现在，他们可以随意使用公司内部的秘密资料了。那种激动和兴奋简直难以言表。

几天后，比尔·盖茨被叫到了校长办公室。一进来，他就看见"计算机中心公司"的那个经理坐在沙发上，还有艾伦、韦兰德、伊文斯也来了，站在那里低头不语。比尔·盖茨知道一定是他"捣蛋"的事情败露了，心脏紧张得咚咚直跳。校长见比尔·盖茨进来，就说："好了，你们四个到齐了。今天你们知道我为什么把你们叫过来吗？"

艾伦抬头向那个经理瞟了一眼，说："也许，是为了我们与这位先生的公司之间的……一些事情吧？"他说得吞吞吐吐，脸涨得通红。

校长说："谁能把事情的详细经过告诉我？"说着，他目光扫过艾伦、韦兰德、伊文斯，最后留在比尔·盖茨脸上，问："你能告诉我吗，比尔·盖茨？"

比尔·盖茨推了推眼镜，挠着头说："事情是这样的，我们和计算机中心公司签了合同，内容是……"

那位经理把他的话打断，说："你就说在我们的计算机上是如何搞鬼的吧。是你们四个干的，还是其中一个人干的？我已经跟校长先生讲了后果，虽然极为严重，但如果你们认罪态度好，我们可以考虑不追究你们的法律责任。"

盖茨镇定地说："是我一个人干的，与他们三个无关。"他顿了顿，又老实交代道，"你们都知道，在使用POP-10型计算机之前，要把使用者的姓名和密码先输入，然后才能在允许的范围内调用存储的信息资料……"他停下来，看了校长一眼。

"没错，接着说。"那经理催促道。

盖茨又说："在使用计算机时，我就琢磨如何揭开密码防护系统的秘密，然后越过这个系统，随意使用允许范围之外的信息资料……""于是你就随意胡来，进行捣蛋！"校长插进一句。

盖茨又搔了搔头发，说："是的。我先把一个玩国际象棋的程序调出，玩了一半，把剩下的一半留到学校终端机上玩……另外，我还把他们公司的存档文件调出来，找到了我们的个人账单，修改了上面记录的使用计算机时间……"

那名经理生气地又打断他，说："这些都是小事，我们可以容忍，可因为你的捣蛋，使计算机的安全系统被破坏了，几次造成计算机整个系统的崩溃，导致客户对我们公司失去了信任，给我们公司造成很大的经济损失！"

盖茨忙说："我向贵公司深表歉意。我知道赔偿不起贵公司的损失，你们如果同意，我可以白为你们干活，再多干

几个月也没关系……"

"行了,我的小专家!你再碰我们的计算机,说不定又会惹出多大的祸呢!"

校长忙说:"经理先生,您就原谅这几个孩子吧。他们只是想多些上机时间,他们太爱计算机了。"

经理说:"对不起,比尔,以后请不要到我们公司去了。"比尔咬住嘴唇,忍着不让泪水流下来。

成长加油站

爱因斯坦说,兴趣是最好的老师。就像比尔迷恋电脑一样,我们对某一件事情有了兴趣,才能够有动力学习。所以我们一定要找到自己的兴趣所在,并把它当作我们的人生的目标,为此坚持不懈地努力,到最后我们一定会成功的。

延伸思考

1. 为什么比尔会对计算机充满了迷恋?

2. 比尔是如何把"计算机中心"公司的防护系统密码解开的?

第五章 合格的中学生程序员

在上中学时,比尔曾经对同学哈克斯说过这样的话:"在我25岁之前,我要赚到人生的第一个100万。"由此可以看出,比尔当时就有很大的野心。

有一次,比尔的同学爱德蒙看到一位夫人在银行里存了几张面值1000美元的钞票,非常羡慕。因为1000美元面值的钞票在当时还很少,他是第一次见到如此大面额的钞票,于是回到学校把这件事跟比尔说了。比尔也对1000美元的钞票很好奇,爱德蒙最后感叹说:"我什么时候也能拥有一张1000美元的钞票呀!"

没想到比尔第二天就拿出自己的零钱,并向父母要了一沓20美元的钞票,又和爱德蒙跑到银行换了一张1000美元的钞票。两人拿到这张钞票后,别提有多高兴了,仿佛自己已是百万富翁一样。

为了让人们知道自己有面值1000美元的钞票,他们特意跑到一家餐厅吃饭。结账时,比尔把那张1000美元的钞票交到女服务生手中。当看到这么大金额的钞票时,女服务生瞪大了眼睛,半天没回过神。她只能请来饭店的经理。经理对他们说:"这钱我们暂时还换不开,你们如果不介意的话,等用过餐后,或许我们能换开它。"爱德蒙和比尔都忍不住得意地笑起

来，最后掏出了身上仅剩下的两美元付了餐费。我们从这件事上能看到，比尔在当时对金钱已经有了朦胧的渴望。

后来，比尔在对计算机有了更深入的了解后，就开始结合自己的计算机技术思考赚钱的途径。他加入湖滨中学程序小组后，因为比其他人能力更出色，很快就成为湖滨中学程序小组的核心人物和主导者，由此开始，他的领导才能和经商天赋也逐渐展现出来。

1971年，保罗·艾伦和查德·韦兰德从湖滨中学毕业了，那时比尔和他的同学肯特·伊文斯正在为学校设计一个安排课程的计算机管理程序。可是伊文斯在刚开始工作不久，就意外地早逝了。比尔非常悲痛，但还是继续完成手中的工作。他找到了艾伦，邀请他与自己合作开发这个软件。艾伦那时在华盛顿大学读书。两人用一个暑假的时间就把工作完成了，交出了设计成果。学校对他设计的程序非常满意。

对于这次成功比尔感到很兴奋，他开始给其他学校写信，向他们推销这个课程管理程序。他在信中写道："我们乐意为您的学校开发类似的课程管理程序，绝对保证质量，

比尔·盖茨和保罗·艾伦

价格也非常合理，只收取每位同学2.5美元的费用。如果来信洽谈，我们将万分感激！"这份热情的推销信，让我们看到盖茨非同一般的经商头脑。

1972年，刚刚成立的英特尔公司推出了8008微处理器芯片。对于这一消息，艾伦和盖茨都感到十分兴奋，因为这意味着一场新的信息革命即将到来。

盖茨和艾伦对这个消息做了仔细研究，发现8008芯片对任何系统都适用。虽然现在它似乎反应有些慢，但他们相信，日后经过发展，这种芯片的功能将会日益增强，发展空间非常巨大。

于是，他们向英特尔公司要了8008芯片的使用手册。通过研究手册内容，他们认为可以利用这种芯片编写程序启动一台机器。这台机器可以对从城市道路交通监视器传来的信息进行整理和分析。当时市政当局测量交通流量的方法是，选定一条街，在街道上拉一条橡胶软管，当车辆通过软管时，就会把位于软管尾部的金属箱中的带子撞倒，从而得知交通流量。

盖茨和艾伦认为，这台机器可以用来对这些带子进行处理，并把相关的数据分析出来。他们预测这项成果的市场前景会非常广阔，能赚到很多钱，于是他们注册了一家名叫交通数据的公司，并从英特尔公司买了一块价值360美元的8008微处理器。自此盖茨和艾伦一边上学，一边经营公司，在湖滨中学和华盛顿大学之间往返。这段路程的乘车时间需要花费好几个小时，很多时候比尔在公共汽车上就把编写软件的工作完成了。等成功造出机器后，两个年轻人又开始充满热情地推销这台机器。但销售情况并不乐观，市政当局对他

保罗·艾伦

们的机器并不感兴趣,最后,他们的交通数据公司关门了。就这样,他们的第一次商业运作失败了。

但他们并没有因此而丧失信心,依然相信自己在计算机领域会有所作为。后来,盖茨在他所著的书中写道:"我们应该接受迅速失败,而不是逐渐缓慢地失败,最不能接受的是没有失败。一个人如果从不犯错误,只能说明他们不够努力。"

比尔不但不怕面对失败,还能从失败中找到原因。他不久便接到了美国国防用品TRW公司的电话,邀请他们来公司工作。当得知比尔还是一个中学生,艾伦也只不过是一个大学生时,TRW公司领导还有些犹豫,但看到他们熟练地操作计算机时,便打消了疑虑。公司每周付给他们165美元薪金。比尔负责数据编码工作,艾伦负责修复系统。这时比尔俨然是一名合格的电脑程序员了。正是在TRW公司,比尔·盖茨开始接触复杂而庞大的程序。

在为TRW工作时,比尔向湖滨中学申请了三个月的假期,湖滨中学竟然批准了。这样,比尔就能安心地工作了。三个月后,他回到学校,把落下的三个月功课全都补上,并顺利地通过了学校的期末考试。他的计算机成绩本来应该是第一,但是因为从来没有听课,老师针对他的这个"学习态度"扣了分,只给了一个"B"。

1973年,比尔从湖滨中学毕业了。至今学校的毕业纪念册里还保存着一张小比尔的照片:戴着帽子,穿着条纹衫和

运动裤，在电脑桌前坐着。有人还在照片旁边加了一行字："这个人是谁？"，而过了20年后，这个小男孩的名字几乎全世界人都知道了。

在湖滨中学开明的教育方法下，比尔·盖茨踏上了计算机之路，为他以后的发展打下了坚实的基础。几十年后，比尔回忆起中学的生活时，对学校开办计算机课和家长们为他们筹集款项支持学校计算机建设的事，表达了无限感激之情。通过不断的努力，比尔在中学时就逐渐积累起技术能力和商业经验，这都为他以后创办微软公司奠定了基础。

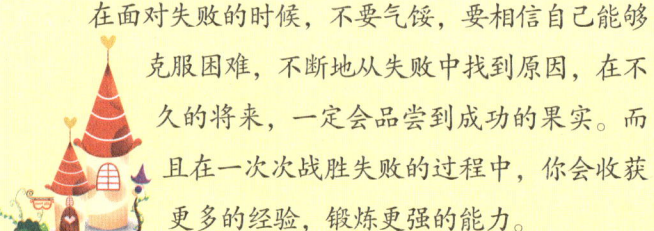

成长加油站

在面对失败的时候，不要气馁，要相信自己能够克服困难，不断地从失败中找到原因，在不久的将来，一定会品尝到成功的果实。而且在一次次战胜失败的过程中，你会收获更多的经验，锻炼更强的能力。

延伸思考

1.比尔和艾伦用了多长时间完成了为学校设计安排课程计算管理程序的？

2.比尔在学校期末考试时，计算机成绩本来第一，为什么老师只给他了一个"B"？

第六章　就要做最好的

　　比尔·盖茨的父母认为儿子对计算机的迷恋只是暂时的，这不过是他儿时的玩乐罢了，不能成为他一生的事业。他们一直希望比尔·盖茨能继承父业，成为一名体面的律师。所以他们希望比尔·盖茨能进入哈佛。而盖茨真的考入了哈佛。

　　当时盖茨虽然最喜欢的学科是抽象数学和经济学，但也有过做律师的想法。同时，他还认为可以在哈佛大学向许多比他更有才华的学生学习。

　　创建于1636年的哈佛大学是一所综合性的大学，很多美国的领袖人物和科学巨匠都是从这所学校毕业的。谁若能从哈佛大学毕业，也就预示着他将来会有一个光明美好的前程。所以无数学子把进入哈佛大学读书作为梦想。但是比尔·盖茨很快就发现自己虽然进入了哈佛，但心却仍然停留在计算机上。所幸的是，哈佛的教学体制比较灵活，在读本科时，除了必修的经济、历史、文学、心理学等课程之外，他还选修了数学、物理学和计算机等课程。学校还允许学生同时攻读研究生课程。

　　比尔·盖茨对法律等学科实在没有多大兴趣，学习也不

哈佛大学

太用心,可是他每次考试成绩却不算差。据说他有一次考希腊文学时竟酣然入睡,监考老师认为他在潜心思考,可是过了半小时仍见他一动不动,才把他从梦中叫醒。他匆忙答卷,差点没来得及做完题,但结果居然得了一个"B"。他为此得意非凡。

对比尔·盖茨来说,在课堂上打瞌睡是经常发生的事情,但他绝不是嗜睡之徒。当有事情要做的时候,他可以三天三夜不合眼,仿佛忘记了时间。事情完成之后,随便在什么地方,他把毛毯抓起往头上一蒙,就能顷刻进入梦乡。

哈佛大学计算机中心有非常多的计算机,在这所大学里如果说有什么东西使比尔·盖茨真正获得满足的话,那就是这个计算机中心。这里不仅有比尔·盖茨最熟悉的POP-10型机,还有其他各种型号的机种。他自然成了这个中心的常客,一有空就钻进里面玩计算机游戏,不到深夜不愿意离开。

当然,这样玩游戏非常消耗精力,比尔·盖茨也并不是

一直沉迷于游戏中,他常常和朋友一道玩摇滚。但是他与他的许多同学很不一样,似乎对和异性交往没有多大兴趣,可他似乎又确实同一个名叫卡洛琳·格洛伊德的姑娘交往过,那是他父亲同事的女儿。很快,卡洛琳就发现比尔·盖茨非常无趣,因为与他交谈,除了谈计算机考试方面的事情似乎就没有别的内容。盖茨不善于交际,相较于与姑娘们交往,他更愿意同年长的人打牌。卡洛琳觉得与比尔·盖茨之间没有什么共同爱好,甚至怀疑比尔·盖茨有心理障碍,便只好与他分手。不过,在许多年后卡洛琳改变了对比尔·盖茨的看法,认为他只不过是不愿意把时间浪费在不感兴趣的事情上。

比尔·盖茨虽然把心思几乎全放在计算机上,但他仍不得不修完哈佛的课程。有时他一连几个小时待在宿舍里做"哲学的沉思",有时又大发牌兴,而且在玩牌时也会把玩游戏的劲头拿出来,全力以赴。他还把自己的房间变成了"扑克房",经常同一伙牌友鏖战不休,有时竟然连战一天一夜。

在入学不到一年后,比尔·盖茨又和保罗·艾伦又开始为他们的交通数据公司寻找业务,希望交通数据机器会在全国得到普及。保罗·艾伦去过好几个州游说官员们,希望他们采用这项技术,为此他还去过加拿大。但是,他发现并没有多少人愿意买他的机器。后来,美国联邦政府决定免费向各市县政府提供这项服务,这样就更没有人愿意再花钱让交通数据公司来解决问题了。后来,比尔·盖茨和保罗·艾伦甚至想把这个草创不久的公司卖给巴西的一家公司,但不巧的是，那家公司也陷入困境，自身难保，哪里还有资金来购买他们的公司。

两个人仍不死心，反复在电话中讨论公司的前途。保罗·艾伦希望比尔·盖茨能和他一起到波士顿开拓未来，倾全力把他们的公司办好。比尔·盖茨也一再考虑退学，但他知道父母不会同意。他决定反复向他们说明，他和保罗·艾伦的想法绝非一时心血来潮，是经过深思熟虑的。

大一时期的比尔·盖茨

1974年夏天，开着老爷车的保罗·艾伦居然从华盛顿州来到波士顿，在那里找了一份工作。他常常在晚上和周末到哈佛去看望比尔·盖茨，同比尔·盖茨热烈讨论创办计算机公司的计划。

他们分析形势，搜集资料，越来越确信计算机未来的发展前景非常好，肯定会像当年发明蒸汽机、汽车、飞机一样，引发一场新的技术革命，人类的生活方式也会因此发生不可预测的重大变化。他们认为既然清楚地认识到了这一点，就要成为这一新技术革命潮流的领导者，否则就必然被时代抛弃。

这真是一个千载难逢的机会。保罗·艾伦不断鼓动尔·盖茨说："干吧，咱们创办一家计算机公司！"最后，

比尔·盖茨同意了。他们打算先自己生产计算机。但是，要把计算机制造出来就非同小可了，那种装置要比收音机复杂百倍，甚至千倍，而且需要巨大的投资额，这可不是两个身无分文的年轻人所能筹措的。后来保罗·艾伦回忆说："最后，我们还是认为我俩的综合实力不是在硬件上，搞硬件风险太大，不是闹着玩的。我们要搞的还是软件。用比尔的话说，那是计算机的灵魂。"他们只好把制造计算机的打算放弃了，选择利用他们的优势，搞软件开发。

他们没有立即实施这个计划。比尔·盖茨升入大学二年级，继续在哈佛求学；保罗·艾伦则留在波士顿一家公司工作。比尔·盖茨对他的学业仍然感到茫然，不知道如何继续下去，将来毕业之后会有什么结果。他还是一心想开办自己的计算机公司，把全部精力用在最喜欢、最愿意下功夫的事业上，在前途广阔的计算机软件开发领域里同保罗·艾伦大显身手，一展宏图。

然而，他又不愿意违背父母的心愿，放弃哈佛的学习。他常常陷入矛盾的两难之中不能自拔，一连几个小时在宿舍里面壁沉思，试图把结果考虑出来，做出极其重大的选择。但是，往往这样的沉思白费时间，他内心的矛盾仍然无法得到解决。

这一年，他从集体大宿舍搬到了一间小宿舍，只有一个同学安迪·布莱特曼与他同住。这是一间配有烹饪用具的宿舍，名叫"卡雷房"。在这里，他恋上了牌局。

在每天晚上，一群小伙子就聚集到卡雷房打牌赌钱，一个晚上有几百上千美元的输赢。比尔·盖茨既然无法集中精

力去搞计算机软件开发，自然就很容易把热情投入到同样需要花费心思的玩牌游戏中去。他起初技艺并不好，频频失手，但是天性好钻研的他，分析力和记忆力超群，而且有一种事事认真、坚韧不拔的秉性。很快，他就成了玩牌高手，几乎像沉迷计算机一样沉迷于玩牌游戏。

回忆起他玩牌赢钱的经历时，比尔·盖茨不无得意地说："我牌打得不赖。医学院和商学院也经常有一伙人来玩，他们牌艺不高，我们就把筹码提高，让他们输个精光，结果他们再也不来了。而我们那伙人一直坚持到最后。大家水平相当，也就没有多少输赢了。"比尔·盖茨打牌很厉害，有时可以持续一天一夜。尤其在输了钱后，绝对是不肯善罢甘休的。为了克制牌瘾，他把支票全交给保罗·艾伦保管，但是仍然无济于事，过了两天他又把支票要回来。于是，他认为不如干脆顺其自然。

比尔·盖茨喜欢数学，在同学们看来，他能成为一名数学家，而不是一名律师。在数学方面，他显示出了特殊的天赋。让比尔·盖茨最得意的一件事是他成功破解了一个数学难题。那是在数学杂志上刊登的难题：一个厨师做了一叠大小不同的煎饼，他要不断从上面拿起几个煎饼翻到下面，最后使煎饼按大小顺序排列，最小的煎饼在上面，最大的煎饼在下面。试问：假如这里有N个煎饼，厨师需要翻动多少次，才能完成这个排列。

数学教授克里斯托斯·潘帕莱米托说："这个问题看起来不难，做起来却很不容易。比尔·盖茨说他知道一个办法能把这个问题解决了，而且是一个非常好的办法。他很详尽

地解释自己的这个办法,我耐心地听完了。"他记录下比尔·盖茨的方法来,并在1979年的一期《非线性数学》杂志上发表。比尔·盖茨的这个解法让这一难题取得了突破性进展,其影响在数学界至少可以持续15年。

本来比尔·盖茨可以继续向数学方面发展,可是他看见还有几个同学比他技高一筹,素来他有一个信条:在一切事情上绝不屈居第二。所以,最后他放弃了专攻数学的打算。

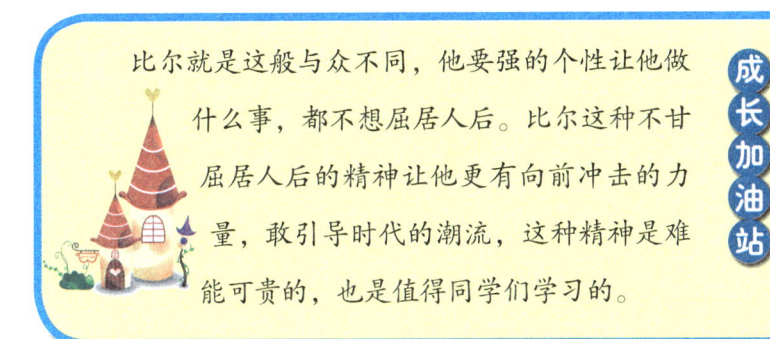

成长加油站

比尔就是这般与众不同,他要强的个性让他做什么事,都不想屈居人后。比尔这种不甘屈居人后的精神让他更有向前冲击的力量,敢引导时代的潮流,这种精神是难能可贵的,也是值得同学们学习的。

延伸思考

1.比尔进入哈佛大学后的表现如何?

2.比尔为什么想要中途退学?

第七章　划过夜空的星星

1974年春天,《电子学》杂志公布了英特尔公司开发出8080芯片的消息。这是8008被改造后的新一代产品,虽然它们的体积一样大,但8080芯片比8008芯片的功能强大了10倍,而价格却不到200美元。这是个让比尔和艾伦非常兴奋的消息。他们认为微型芯片的功能越来越强大,会把大型笨重的计算机淘汰掉。计算机体型将会走向小型化,计算机硬件的成本也将会越来越低。

而计算机只要变得廉价,就会有越来越多的人使用它,那时它的上网费用也会降下来。这样一来,人们将会开发出各种计算机的新用途,而开发各种不同功能的软件也将成为开发计算新用途的关键因素。到时候,人类社会将会掀起一场新的意义深远的技术革命。这个小小的8080芯片,让这两个年轻人清楚地预见到了计

比尔·盖茨和保罗·艾伦等正在讨论计算机的发展问题

算机个人化的新时代即将到来。他们甚至已经开始设想为新一代的电脑开发各种软件,并拥有了自己的计算机软件公司,订单像雪花般从四面八方朝他们飞来……

于是,比尔和艾伦又开始忙碌起来。他们给美国各计算机公司写信,把他们为8080芯片专门开发的一种新的程序语言——BASIC语言推荐给这些公司。可是事情没有想象的那样顺利,直到1974年12月份,也没有任何一家公司愿意使用他们的BASIC语言。两个人的情绪变得低落起来。艾伦这时已经到了一家名叫汉尼维尔的公司工作,总会隔三岔五地来哈佛找比尔。

1975年1月的一天,艾伦经过一家报亭,看到一本《大众电子》杂志封面赫然写着一行醒目的标题:最新突破!世界上第一台微型计算机诞生了!堪与商用型媲美。杂志的封面还把一张牛郎星8800微型计算机的图片刊登出来。他兴奋地买下这本杂志,朝比尔的宿舍跑去。看到这个消息后,比尔简直不敢相信自己的眼睛,真没想到微型计算机真的问世了。两人迫不及待地研读起了这篇介绍有关牛郎星8800的微型计算机的文章。读完后,他们发现这台微型计算机用的正是一块英特尔公司生产的8080芯片。他们别提多激动了,因为他们为8080芯片编

牛郎星8800

写的BASIC语言终于有机会派上用场了。

最早推出电脑牛郎星8800的是爱德·罗伯茨。他出生于1941年，年轻时曾立志成为医生，但是后来在电子器械方面找到了自己的兴趣。大学时，他学习了电气工程专业，还在军队里服过役。他退役后在新墨西哥州的阿尔伯克基建立了自己的公司——微型仪器遥测系统公司。最初，公司的业务不过是出售一些钛钢合金的桌子，也做一些飞机模型、火箭模型和无线电发报机。

罗伯茨研制出的这台牛郎星计算机像手提箱般大小，上面只有几个开关和指示灯，以及滑键盘和显示屏，没有扬声器，以指示灯的明灭来显示计算机是否完成任务。罗伯茨准备把这台计算机邮寄到杂志社，供杂志社使用。可是没想到，这台唯一的样机在邮寄的过程中竟然丢失了。而杂志社已经把这期内容排好，就等机器一到，拍了照片制作好封面就可以印刷了。杂志社现在已经来不及换别的内容了。正当罗伯茨像热锅上的蚂蚁般不知所措时，他突然急中生智，想出一个好办法。他想反正杂志社只需要给它拍个照片，里面的东西并不需要，只做个机器的外壳寄给杂志社就好了。这个徒有其表的"样机"很快就被寄到了纽约杂志社。

人们当时看到这期杂志时，谁也没有想到这台计算机竟是一个空壳。正如杂志社的编辑所预料的一样，一上市这期杂志就卖得异常火爆，竟然卖出去50万册。罗伯茨和他的牛郎星也随着杂志的热销而在美国轰动一时。

很快，比尔和艾伦就意识到现在牛郎星8800只是一个什么

都做不了的机器,需要有人为它专门编写软件才能运转起来。比尔断定很快就会有人付诸行动,为它把软件编写出来,他们一定要好好把握这次机会,在计算机革新的第一阶段就要出现自己的身影,成为计算机潮流的领导者,而不会被时代淘汰。后来,比尔回忆当时的情况时说:"我们那时非常担心其他人与我们有同样想法和决定,现在我已经知道,在当时有这样的想法和预见性的人有成千上万。早期计算机革命带来的是:全世界每年的个人计算机销售量达到五千万台。"

成长加油站

任何一种新事物的到来,都会充满着活力和朝气,目光远大、心思敏捷的人,就会想着一定要抓住这个难得的机会,在这一领域里获得辉煌的成功。制造牛郎星电脑的罗伯茨做到了,而在接下来的时间里,比尔同样也会做到。所以同学们,当有利的机会降临时,我们一定要把它牢牢地抓住,要知道"机不可失,时不再来"。

延伸思考

1. 比尔和艾伦为8080芯片开发的语言程序是否获得了成功?

2. 你知道牛郎星电脑的名字是如何得来的吗?

第八章　应运而生的微软

当时为了能够把牛郎星计算机问世的难得机会抓住，比尔和艾伦给生产牛郎星8800的公司打了电话，说自己是交通数据公司的，正好开发出一种程序语言，稍经修改，就能在牛郎星8800上应用。可是，他们的要求被罗伯茨粗暴地回绝了，他用粗大的嗓门说，类似的话已至少有50个人对他说过。那些天花乱坠的漂亮话他不想听，要看实际的成果，谁先把产品给他做出来，他就跟谁合作。

为了能占领先机，抢在别人前面把应用软件开发出来，比尔和艾伦开始不分昼夜地奋战。但是这项工作对于他们来说真是一个巨大的挑战，因为他们从来没有亲眼见过这台机器，只是从杂志上对这台机器有一些大致的了解，甚至他们都没见过8080芯片。也就是说，他们只能靠自己的想象，根据机器说明和8080芯片的详细说明书，在一台PDP-10型的

比尔·盖茨亲手创办了微软公司

第八章　应运而生的微软

计算机上模拟出牛郎星8800微处理器，再给这个模拟处理器编制程序。

牛郎星8800在当时只有256BRAM的内存容量，储存能力达到4096B。现在的计算机的内存几乎是它的1000倍。在这么小的内存下编写程序是一件非常难的事。他们虽然为英特尔8080芯片编制过BASIC语言，但那是为柜式计算机设计的，而他们现在需要做的是必须让BASIC语言能够适合牛郎星这种微型计算机，这好比让一个本来穿42号的鞋子的人，换成36号的鞋子。BASIC语言虽然早就编写出来，但他们当时为了实现某种功能，只是想用它编写单一的程序，却从来没想过给一台计算机编写一套完整的程序。由此我们可以知道他们面临的困难有多大。

艾伦被比尔领到了哈佛大学，假装成哈佛大学的学生。利用学校的计算机，他们夜以继日地钻研，要用尽一切手段争取在学校机房上机的时间完成他们的目标。后来比

保罗·艾伦和比尔·盖茨坐在一些运行BASIC版本的电脑中间

尔回忆说："在编写软件时需要高度集中精力，我们在为牛郎星编写程序的那段时间真的是筋疲力尽。我为了让自己集中精力，常常在思考时摇摆着身体，这样我就能排除一切干扰。我当时和艾伦很少睡觉，为了能尽快把牛郎星的编程语

言研制出来,我们夜以继日地工作,常常累了就睡在书桌旁边或躺在地板上。我有一段时间甚至忙得顾不上吃东西,也没时间见任何人。"

当时在计算机房里,比尔和艾伦经常做着做着就睡着了,几分钟后又猛然醒过来继续敲打键盘。凭着多年的经验和过硬的技术,艾伦终于把牛郎星8800计算机的模拟处理器做了出来,而比尔也凭借着他在编写程序上的天分,编出了专门适用于这台微型计算机的基础语言。他们经过八个星期的日夜奋战,终于成功设计好程序。

1975年年底,比尔给罗伯茨打电话说,他的程序已经基本完成。艾伦紧接着就带上编好程序的软件,坐着飞机赶到罗伯茨公司。在乘坐飞机时,他还在编制着最后一段进入计算机程序的代码。罗伯茨亲自开着一辆货车来到机场迎接艾伦。艾伦看到罗伯茨的货车满是装运货物时留下的痕迹时,感到非常吃惊,他本来以为这是一家非常体面的大公司。而罗伯茨却把一身绅士打扮的艾伦当成了大人物,直接带着他去了当地一家豪华旅馆。可是艾伦根本没有那么多钱支付如此昂贵的住宿费,只能编造了个理由,向罗伯茨借了些钱住下。第二天罗伯茨把艾伦拉到一个旁边是洗衣机店和按摩院的小店铺前边。艾伦正当满腹疑团时,看到里面放着那台牛郎星8800计算机,才打消疑惑走了进去。

历史性的时刻就这样到来了。艾伦怀着紧张的心情在计算机里输入了他们编写的BASIC语言程序的指令。如果

第八章　应运而生的微软

他和比尔在设计过程中出现任何差错，都意味着他们编写程序失败，他们所做的一切努力都将付诸东流。所以在输入指令后，艾伦非常紧张地等待着计算机的反应。计算机在当时的速度很快，需要几分钟的时间。而对于艾伦来说，这几分钟是一生中最漫长的时间。当计算机从打字机中打出"准备就绪"的字样后，他长舒了一口气，紧接着把"2+2"的指令输入进去，牛郎星8800计算机立刻把正确答案"4"显示了出来。艾伦知道他与比尔设计的程序软件基本成功了。后来艾伦对当时的情景回忆说："当我看到一个我从未真正接触过的机器，竟然如此听从我的指令的时候，别提有多惊讶了！"

看到程序成功后机房里的人们一片欢腾，此时罗伯茨兴奋不已，因为他为了让公司扭亏为盈，费尽唇舌说服银行后又贷款6万元。他此时的财政赤字已达到30万美元以上。实际上这次艾伦的实验也决定了他的企业能否走出破产的命运。罗伯茨后来回忆说："我看到我们的计算机在程序下终于能够运转起来，成为有用的机器，兴奋得快要晕过去了！那个时刻真是令人难忘，没想到两位从来没见过'牛郎星'的小伙子，却能做出如此完美的工作！"

保罗·艾伦与比尔·盖茨决定要自己办一家软件公司，他们坚信靠出售他们的软件能赚一笔大钱。此时比尔面临选择：要么不办公司而继续在哈佛读书，要么办公司而告别哈佛。经过再三思考，比尔终于决定离开哈佛，投身计算机事业。父母对他的决定表示强烈反对。母亲说："这是一个非常轻率的决定，我的儿子。你知道吗？多少人梦寐以求想要得到哈佛的学位啊。"

父亲说："我觉得你创办软件公司与完成学业之间并不存在矛盾。为何不能等到毕业后再去搞公司呢？比尔，我们对你的事情一直都非常支持，你是否能听我们的话，等完成

比尔·盖茨从哈佛辍学，创办了微软公司

学业之后，再去搞公司呢？"

比尔·盖茨说："爸爸，妈妈，你们以前对我的支持，我一直心怀感激。不管你们这次是否同意我的决定，我仍然像以前那样爱你们，不会心存一点怨恨。因为我知道，你们这样做完全是为了我好。但是，我想说，我对计算机前景的预见比你们要看得更远些，我知道一场席卷全球的计算机革命很快就会发生。如果我错过这一大好时机，将终生遗憾。如果我抓住了这个机会，也许就能取得无比辉煌的成就，从而让哈佛学位变得不值一提。"

母亲轻叹了一声，说："好吧，我的儿子。你可以说我们在计算机方面是外行。我们会找个内行跟你谈。我们知道无法说服你，而把你强留在哈佛，对你的成长和发展是不利

的。""我知道你妈妈说的是谁了,是受人尊敬的商业领袖斯托姆。你对斯托姆是了解的,而且也十分尊敬他,总该听他的话吧?"父亲紧接着母亲的话说道。

"是的。你们不止一次向我谈起这位前辈。我知道他是一个白手起家的千万富翁,一位著名的慈善家,靠电子业致富,对计算机技术也精通。我想,他对计算机的发展前景应该明了……"令比尔·盖茨的父母没有想到的是,斯托姆与比尔·盖茨谈话之后,斯托姆竟然被说服了,反过来劝说他们支持比尔·盖茨的决定。

1975年7月,比尔·盖茨和保罗·艾伦终于把他们的梦想变成了现实:他们正式在新墨西哥州的阿尔伯克基创建了微软公司。"微软"二字是微型计算机和软件的缩写。就其实质而言,这个公司并不是他们原来创建的那个交通数据公司,在法律上这两个公司也完全独立。

微软公司的权益按照比尔和保罗当时的协定,依个人投入的劳动分配,比例为:比尔60%,保罗40%。这个比例在后来又调整为64%和36%。比尔·盖茨在公司成立后,找到了罗伯茨,想让他为微软销售BASIC软件。

罗伯茨说:"这很好办,我在销售的时候可以采取搭售的办法。谁买这套软件,就要买我的机器。否则,这软件的价钱就会非常高。"在罗伯茨看来这是个很好的办法,但很快就遭到了客户的极力反对。因为单买BASIC软件,价格比机器还贵。有些客户采取了报复行动:他们设法把BASIC语言软件复制下来,然后免费送给别人。这样,罗伯茨就只能以比尔·盖

茨和保罗·艾伦为他开发的BASIC软件作为宣传了。

比尔·盖茨预感到了这种销售方式产生的后果，决定不再把软件作为计算机的搭配出售，而必须建立软件是单独一种商品的概念。

成长加油站

为了创办微软公司，比尔放弃了哈佛大学的学位。这是一个多么让人难以置信的举动，要知道，拥有一个哈佛大学的学位是许多人梦寐以求的事，而比尔却放弃了。这也是比尔与众不同的地方。当然这种放弃要有目的，不要盲目。比尔之所以能放弃是因为他知道一场计算机的革命即将拉开帷幕，他所获得的成就远远比那个哈佛大学的学位要大。所以同学们要知道，在某些时候要懂得放弃，但一定要经过深思熟虑、权衡利弊后再做决定。

延伸思考

1. 比尔和艾伦是在什么样的情况下完成为牛郎星8800计算机编写语言程序的？

2. 比尔和艾伦在什么时候把梦想变成现实，成立微软公司的？

第九章　起步的艰难

可事与愿违，罗伯茨制造的计算机质量欠佳，又不能如期给用户交货。往往寄出去的存储卡不能正常工作，因"暂时无货"，顾客急需的BASIC软件却久久收不到，用户对罗伯茨的微型仪器公司很不满，也直接使微软公司的效益受到影响。

比尔和艾伦找到了罗伯茨，说："我们有一个想法想和您商量一下，对咱们两个公司也许都有好处。"比尔·盖茨委婉地说。

"什么样的想法？说出来看看。"罗伯茨说。

"我想一次性把BASIC语言卖给您，怎么样？"盖茨说。

罗伯茨一下子从椅子上站了起来，两眼死死地盯了下比尔·盖茨，然后在办公室里走来走去。

"看在我们两个公司合作了这么长时间，大家又都是朋友的份上，价钱么，可以低一些，就6300美元吧。您看如何？"

罗伯茨连连摆手:"不不不。我怎么能占你们的便宜呢?我看,咱们最好还是像以前那样合作。"

　　比尔·盖茨听到罗伯茨说要继续合作,顿时慌不择言,急切地说:"这个价格已经很低了,您如果嫌高,我们还可以再让一些。"

　　罗伯茨连连摇头说:"不是价钱的问题。我不会一下子买断的,咱们还是按以前的协议一起合作吧。"

比尔·盖茨

　　无论比尔·盖茨如何劝说,罗伯茨就是不同意一次性把BASIC语言买下。后来,一个硬件工程师问罗伯茨,为什么不把盖茨和艾伦的BASIC语言买下。

　　罗伯茨对他说:"你懂什么?他俩如果一次性把BASIC语言卖给我,就会马上离开我们公司。那以后谁会为我们开发新的软件程序呢?BASIC如果出现程序错误,谁会修改呢?你会吗?"

　　有一次,在计算机俱乐部的一个展览场里,有人拾到了罗伯茨微型仪器公司的BASIC语言打孔纸条,便交给一名叫丹·索科尔的人复制。于是,微软公司的BASIC软件无穷尽地被拷贝出来,免费送给阿尔塔的使用者和业余计算机爱好者。由此,微软公司的收入大受影响。

第九章 起步的艰难

比尔·盖茨暴跳如雷。"真是赤裸裸的盗窃！怎么能这样把我们的劳动成果抢夺了！"

保罗·艾伦也十分气愤地说："再说，这还是个不完善的软件，我们是想清除干净残存的错误后再公开发行的。"

为了完全摆脱盗版者的困扰，比尔·盖茨和保罗·艾伦认为必须要采用新的办法。很快盖茨就把这个办法想出来了，他对艾伦说："我们可以在非专有的基础上一次性给BASIC发放许可证，固定费用为3.12万美元。在两年内，这笔钱以每月1300美元付清。"比尔·盖茨建议道。

保罗拍手叫好："好啊，这样一下子把两个问题解决了：一是我们微软公司可以对产品保留控制仪；二是微软公司可以把盗版者忽略。至于微型仪器公司怎样再对BASIC索价，让他们自己定吧。"

"对，就是这样，微型仪器公司也可以不定价。至于软件是好还是坏，与微软公司无关。"很快，微软公司就基本上从盗版风波中解脱出来。

比尔·盖茨开始四处奔走，向各个计算机公司宣传他的BASIC语言，希望这些公司在出售他们的计算机时，能够把微软公司的BASIC语言软件配上。在计算机软件方面，比尔·盖茨非凡的知识，再加上他那强大的说服力，给公司的经理们留下了深刻的印象。很快他就收到了通用电气公司、NCR公司、花旗银行等大型企业的订单。

现在他们的业务太多了，两人根本忙不过来。他们便把

在湖滨中学时的同学理查德·韦兰德和盖茨在大学同学马克·麦克唐纳请了过来。他们俩于1976年先后到微软公司工作。很快，麦克唐纳对8080处理器的BASIC语言做了改进，韦兰德则为摩托罗拉公司的8800处理器编写BASIC语言和COBOL语言。

这年8月的一天，两个斯坦福大学的毕业生来到了微软公司。一位叫阿伯特·朱，另一位叫史蒂夫·伍德。他们是看到张贴在学校里的招聘广告才来的。

看到这两个小伙子，比尔认真地说："真是不好意思，你们看，这里工作环境差了些，不但拥挤，还很吵闹，但是工作起来挺有意思的。"比尔·盖茨接着又说道，"你们会喜欢这里吗？"

"没关系，我们很喜欢自由的环境，工作条件对我们来说并不重要。"其中一个学生说道。

另一个同学听后，不停地点头表示认同。接着，他说："我们看好的是微软公司的业务，以及软件事业的发展前景才来这里的。"

"太好了！那就上机操作一下吧，让我看一看你们的水平。"比尔非常高兴。这样，两个人都被留用了。

微软公司很快就有所发展，于是他们就在阿尔伯克基市区里租下四个房间作为办公室。

这时，罗伯茨由于不听取别人的意见，缺乏市场眼光，无法维持公司，只好把公司转卖给一家叫作佩特克的公司。

第九章 起步的艰难

微软和佩特克在BASIC语言软件的销售上，发生了分歧。

佩特克认为，他们既然把罗伯茨的公司买下了，BASIC语言软件的专利权就应该属于他们。盖茨和艾伦很愤怒，因为罗伯茨只是对这个软件进行销售，而软件的真正主人是他们。但是，佩特克公司的经理们根本不把他们两个刚刚20出头的小青年放在眼里。

"小伙子，你们最好明智些，不要再和我们争了，因为你们不是我们的对手。"但是盖茨和艾伦说什么也不会放手，最后闹到法庭上。

比尔·盖茨没料到，自己竟因这场官司陷入了经济困境。因为法院规定，在结案前，软件的销售所得不许动用，而这正是微软的主要经济来源。

幸好，在等待裁决期间，微软得到了一笔大生意——一家仪器公司要让微软公司为他们的新机器配备全新的BASIC软件。可是软件的归属问题还没有解决，这肯定会对生意的开展产生不利的影响。

比尔·盖茨不想失去这样的大客户。他们费了九牛二虎之力，终于说服了仪器公司同意和他们合作，条件是不预付现金。可是，这样一来公司的软件收入没有了，不仅如此，公司还要付房屋的租金和员工的工资，因此微软公司的资金也越来越紧张。这时，比尔的父亲伸出了援手："我知道你遇到了困难，让我来帮你解决吧。"

"不，我会想出办法的。"比尔坚决地拒绝了父亲伸出

的援助之手。为了渡过难关，比尔·盖茨只好向员工借了7000美元。

在打官司的过程中，比尔所学的法律知识大大助了他一臂之力。他还随时征求父亲的建议。父亲把这个案子仔细分析之后告诉他，完全可以打赢这场官司。他还为比尔介绍阿尔伯克基的一位资深律师。

1977年12月，法院指派的仲裁人员终于宣布佩特克公司和爱德·罗伯茨违背协议，罗伯茨卖给佩特克公司BASIC语言软件的专利权属"商业剽窃"，判定微型仪器公司只对BASIC软件有使用权，微软公司则享有该软件的专利权。

微软公司可以继续对软件进行销售，但佩特克公司不能再分享BASIC软件的任何利润。比尔·盖茨在这件事上受到很大的启发，并深刻认识到了法律的作用。此后微软公司就再也没有发生过"经济危机"。

1977年，美国举行了一次全国计算机大会，参加这次大会的都是一些著名的大公司。一般像微软这样初创的公司是不会参加的，因为要花很多钱。但比尔最终还是选择了参加大会，他对艾伦说："艾伦，我们还是赶快决定吧！会期一天天临近，我们如果不参加这次大会，就会像聋子和瞎子一样，什么也听不到，什么也看不到。"

"是啊，参加的好处我也知道，可是……"艾伦担心的是要花费很多钱。

"不，我们一定要参加，就是掏空家底，我们也要

去。"比尔·盖茨非常坚定地说。

比尔·盖茨的决定是正确的,在这次会议之后,微软公司的业务迅速扩大,呈现出了一片繁荣景象。

成长加油站

比尔因为软件使用权的官司陷入了经济危机,此时他的父亲向他伸出了援助之手,可是被比尔坚决地拒绝了。由此我们可以看到,比尔是一个非常自立自强的人,遇到困难不会依赖别人,而是靠自己走出困境。我们有许多同学,在遇到困难时经常依赖父母或别人,很容易养成依赖性,失去自主意识,从而形成性格上的缺陷。所以同学们一定要记住,做独立自主的自己,不要依赖他人。

延伸思考

1. 比尔是如何把盗版问题解决的?

2. 比尔为什么非要参加全国计算机大会?

第十章　小董事长与大管家

早期微软公司的员工都是技术型人才,可以解决遇到的很多计算机问题,但是在管理杂务上就无能为力了。为了整顿公司内部混乱的现象,公司决定招聘一个管理杂务的秘书。

其实公司曾经有过一个秘书,是一个女大学生。但是,她只做自己分内的事情,对于其他事务不关心,对同事也十分冷漠。最后,比尔·盖茨就让总经理史蒂夫·伍德把她辞掉,重新再找一位秘书。

经过一段时间的面试,伍德筛选出了几位他认为比较优秀的人选,然后把这几个人的应聘资料交到了比尔·盖茨的手中。比尔·盖茨看了看这些资料,觉得都不是理想的秘书人选。他抬起头问:"还有更合适的人选吗?"

其实伍德早已预料到比尔会很挑剔,所以他又拿出了一份资料,说:"这位女士工作经验丰富,曾做过文秘、档案管理员和会计等

1978年,微软公司员工合照

工作……"

"那不是很合适秘书岗位吗？你为什么不早拿出来呢？"比尔一边接过资料，一边问道。

"这位女士的年龄有点大，已经42岁了，而且她有4个孩子，我担心……"

还没等伍德说完，比尔就抢过话说："只要她能够将公司的杂务管理好，并且不嫌麻烦，其他的都不重要。就定她吧。"

面试后一个星期，新秘书就上任了。这位新秘书就是米丽亚姆·卢宝。

卢宝工作非常认真负责，她按照总经理伍德的要求，不让任何人在未经允许的情况下进入计算机房。可是，一天，一个陌生的年轻男子大摇大摆地走进了董事长的办公室。卢宝看到后，立刻去通知总经理："先生，有一个小孩闯进了董事长的办公室，现在该怎么办？"

伍德听后，哈哈大笑起来，过了一会儿才说："别担心，他就是董事长。"

卢宝听了，惊讶地张大着嘴巴，半天说不出话来。因为，在她的印象中，能够坐到董事长职位的人，一般都是四五十岁的中年人，她怎么也不会想到这个看起来还是一个青涩的学生的男孩竟然是董事长。她忍不住问道："对不起，请问董事

比尔·盖茨在西雅图的家

长多大了？"

"21岁。"

卢宝听了之后，更惊讶了。

很快，卢宝就将微软公司的情况全部掌握了。她发现董事长比尔是一个与众不同的人，成功人士所具备的优秀品质在他身上都能够找到。他拥有着非常好的记忆力，卢宝问他任何公司的电话，他都能够快速回答出来；他的阅读速度非常快，对于法律有深入的研究，律师拟好合同给他看的时候，他总能够提出更好的修改意见，有时候甚至会要求律师重写；他开车的速度非常快，以至于经常有罚款通知单寄到卢宝的手中。更让卢宝震惊的是，每周连续七天，他都在办公室里不停地工作，常常由于工作太认真而忘记了吃饭，到了晚上，就睡在办公室的地板上。每当这时，卢宝就会为比尔买一个汉堡。

卢宝慢慢成了比尔最得力的助手，她总能根据比尔的特点，将一切事情都安排得井井有条。比如，比尔每一次出差坐飞机的时候，总是在飞机起飞前几分钟才赶到，从来不提前。比尔之所以这样做，是因为他认为这样可以节省时间，另外，他也喜欢那种在事情的紧要关头全力以赴的感觉。但是，他的这种习惯常常让他在赶路的时候闯红灯，或者差点错过航班。自从卢宝做了公司秘书之后，为了避免出现差错，就会在通知比尔飞机起飞时间的时候，提前15分钟。

由于表现出色，没过多久，卢宝就成了微软公司的总管家。她发工资、记账、接订货单、采购、打字、照顾公司职员的生活，帮助职员解决一切杂事，尽量让公司员工在更加舒适的环境中工作。

一次，软件工程师马克上班时发现他放在桌子上的一叠程

序纸不见了,非常生气。他质问卢宝是不是把那叠纸给扔了。卢宝很清楚自己从来没有动过他桌子上的任何东西,但是那叠程序纸为什么不见了呢?卢宝仔细思考一会儿后,意识到很可能是清洁工打扫屋子时,把它当成垃圾给扔掉了。于是,为了杜绝以后再发生类似的事情,卢宝立刻制定了一项新规定:除了垃圾桶里的东西外,房间里的其他任何东西都不许清除。

在公司工作一段时间后,卢宝也学会了使用计算机,而且,她也成了公司的核心人物之一。

成长加油站

勤能补拙,一个勤奋努力的人,即使他没有那么聪明,最后他得到的结果也不会太差;而一个懒散颓废的人,不管他多么聪明,最后他也无法取得大的成就。所以,我们从小就要养成勤奋努力的良好习惯,抓住大好时光,努力学习,不断提升自己。

延伸思考

1.从文中可以看出,卢宝是一个怎样的人?

2.比尔·盖茨为什么每次坐飞机总是在飞机起飞前几分钟才赶到?

第十一章 重回西雅图

在20世纪70年代的美国，计算机和计算机软件行业得到飞速发展，各种计算机和软件公司如雨后春笋般纷纷成立，并研制出了新的质量更好的计算机。但是，计算机公司为了追求新颖、保持自己的特色，都独自采用一套操作系统。在这种情况下，软件公司就需要根据不同公司生产的不同电脑，编制出各种不同的软件。编制这些软件需要花费大量的精力，而这些软件的适用范围有限，所以销售量并不大。

这时，华盛顿大学的一位名叫加里·基尔代尔的教授，为英特尔公司的8080微处理器编制了一套叫作CP/M的微机控制程序。这个操作系统适用于所有用8080微处理器的计算机，因此在短短一年的时间里，就被几十家公司采用了。基尔代尔的年收入达到了6万美元以上。

比尔·盖茨和基尔代尔教授是老熟人了，当他意识到CP/M以后将会有广阔的发展前景的时候，他找到基尔代尔，向他询问了一些关于CP/M的问题。

"基尔代尔教授，您能跟我说说这个操作系统有什么特

点吗?"盖茨真诚地问道。

基尔代尔听了盖茨的问题,侃侃而谈起来:"这个操作系统操作起来非常简单,任何一个普通人都能够使用,即使对计算机没有一点了解也没关系。按照我的设计,这个操作系统可以实现对所有软件的控制。"

听了基尔代尔的介绍,盖茨眼睛顿时亮了起来,因为他很清楚,越简便和通用的操作系统越容易在大众中推广。

于是,盖茨和艾伦在研制开发他们的FORTRAN、COBOL时,就选用了这个系统。

位于美国西雅图的微软公司总部

他们开发出来的程序可以应用于很多型号的计算机,因此这款软件的销售情况也非常好。1977年,微软公司已经创造出了50万美元的销售额。第二年,微软公司又占据了微机语言的统治地位。年底,公司的赢利突破100万美元,拥有职员13名。

比尔并不满足于当前取得的成绩,仍希望进一步扩大公司规模。但是,阿尔伯克基只是一个小城市,而且早已经没有了当年作为微型计算机发展中心的风采。所以,比尔决定

将公司搬迁到别的城市去。有人提议将公司搬到加利福尼亚州的硅谷去，因为那里是很多著名计算机公司诞生的地方，如果把公司搬到那里，肯定会对公司发展大有好处的，而艾伦却不这样认为。他说："虽然硅谷那里有很多优秀的计算机人才，但周围的计算机公司也很多。如果我们把公司搬到硅谷，那么公司职员的流动性就会增大，这对于公司稳定发展是非常不利的。"

听了艾伦的话，盖茨点点头说："你说得很有道理，那么你认为我们应该把公司搬到哪里去呢？"

"我们可以把公司搬到西雅图去。"

"你说让我们回老家？"

"没错。我之所以建议把公司搬到西雅图，一是因为微软公司的大部分员工都是西雅图人，回到西雅图可以起到安定人心的作用；二是西雅图有一座华盛顿大学，它可以向我们提供大量优秀的计算机人才。"

1978年初，按照艾伦的提议，比尔·盖茨决定把微软公司搬到自己的家乡西雅图去，并公布了详细的搬迁计划。听到这个消息后，微软公司的员工都非常高兴，因为他们终于可以离开阿尔伯克基干旱的沙漠气候，看到家乡优美的风景和亲切的亲人们了。但是也有一些员工为此感到很不开心，卢宝就是其中之一。

卢宝已经对微软公司产生了深厚的感情，但是她的家在阿尔伯克基，如果微软公司搬到西雅图，那她只好从微软公司离开，毕竟她不能不顾她的家庭。比尔为此感到非

常可惜，他遗憾地对卢宝说："微软公司随时欢迎你回来。"并且，他还和艾伦、伍德一起为卢宝写了一封推荐信，对卢宝的工作能力给予高度评价。凭借微软公司当时日渐高涨的名声，卢宝要想在其他公司找到一份工作根本不是什么难题。

1978年11月7日，在公司搬迁之前，微软公司为全体员工拍摄了一张大合影，以作为对创业初期这段时光的纪念。

微软公司在西雅图郊区国家银行大厦8楼租了几间房子作为办公室。1979年1月，微软公司就在那里再次开张营业了。自此微软公司开启了新的征程，而它的员工们又投入紧张的工作当中去了。

> **成长加油站**
>
> 对于已经取得的成绩，我们要有一个正确的认识。不管是成功还是失败，都只是对我们以往努力的总结，它并不意味着我们的未来会一直成功或失败。所以，我们不能因为取得一点儿成绩就沾沾自喜，更不能因为失败而丧失斗志。

延伸思考

1. 比尔·盖茨在初步获得成功后是如何行动的？

2. 微软为什么要搬到西雅图去？

第十二章　失而复得的良机

1980年8月,比尔·盖茨接到一个电话。电话是IBM公司打来的,说有两个人想和他见一面,希望他安排一个时间。比尔·盖茨并没有把这件事放在心上,因为IBM虽然是有名的大公司,但它也曾主动和微软公司商谈业务——主要是商议购买软件的事情。而且,比尔今天已经有预约了,所以就告诉打电话的人:"我可以安排时间会面,但是要等到下周。"可是,对方并没有理睬比尔的回答,自顾自地说:"我们公司的人应该在两个小时后就到西雅图了。"原来这两个人是IBM公司的特使。

比尔·盖茨无论如何也不会想到,IBM公司的人会派特使过来与他会面。他立即意识到事情的重要性,于是取消了之前的约会,和他的同事兼老朋友史蒂夫·鲍默尔一起去见IBM派来的特使。为了

工作中的比尔·盖茨

第十二章 失而复得的良机

这次会面，他们还罕见地脱下了总不离身的圆领衫、牛仔裤和运动鞋，换上了西装和皮鞋，因为他们不想让别人看不起自己的公司。

可是，IBM公司特使此次来访的目的是什么呢？如果是为了购买软件，那它没必要这样郑重其事地派两个特使亲自过来呀？比尔和鲍默尔都猜不透IBM的想法。

双方进行了简单的寒暄之后，IBM的两位特使就宣称说："这是我们公司做的最不寻常的一件事情。"然后，他们又向比尔提出了一些奇怪的问题，比如微软公司主要生产什么软件，以及家用计算机有哪些比较重要的功能等。会谈结束的时候，他们只对比尔说："不要主动联系我们，我们会给你打电话的。"这次会面并没有产生什么结果，但是比尔和鲍默尔觉得事情并不简单，他们有一种预感：很快就会有什么大事情要发生了。

在会面结束之后，IBM的两位特使对微软公司留下了深刻的印象。他们认为微软公司的员工有责任心、积极进取、为人诚恳，并且认为微软公司是一个很好的合作对象。

位于纽约州阿蒙克市的IBM总公司

在接下来的一个月里，IBM没有再联系比尔。但就在比尔觉得他们预感的大事永远不会发生的时候，IBM终于打来了电话，希望和他们进行第二次会面。

这一次，IBM派来一个由5人组成的代表团，其中就有一位律师。于是，盖茨也带上微软公司的法律顾问和另外两名员工参加了会谈。但是，他仍然不明白IBM到底想要干什么。

会谈开始前，他们和上次一样在一份协议上签署了自己的名字。然后，IBM的一位处理公司间业务的代表才说出了他们这次会谈的目的——他们需要和微软公司合作共同研制一种个人计算机。盖茨听到这里，立刻就意识到IBM公司向他和微软公司提供了一次施展才能的大好机会。接着，IBM的代表向微软公司展示了他们设计的个人计算机图纸，并问比尔·盖茨："如果我们向贵公司提供一项8位计算机规格书，你们能不能在1981年4月前为这台计算机的只读存储器编写BASIC语言？"

比尔·盖茨非常肯定地回答说："当然可以。但是我觉得你们采用8080芯片并不妥当，要知道，现在市场上的8位计算机正逐渐被使用8086芯片的16位计算机取代。和8080芯片相比，8086芯片的存储和调用容量更大，计算速度也更快。"

IBM公司的代表听了比尔的话，都觉得他说得有道理，于是就把比尔的意见写进了他们的报告中，并让比尔提出一个可以使用微软公司开发的语言的计算机设计蓝图。比尔很快就按照要求设计出了一个计算机研发蓝图。微软公司决定把这次开发称为"象棋计划"。

第十二章 失而复得的良机

IBM公司最高领导层看到"象棋计划"后，立刻就批准了，要求微软公司向他们提供BASIC、FORTRAN、COBOL语言，而且BASIC语言要在1981年4月之前编写出来。

这让比尔觉得很为难，因为微软公司开发出来的FORTRAN、COBOL语言都是在CP/M操作系统上运行的。这个系统的开发者并不是微软公司，而是加利福尼亚州数字研究公司的加里·基尔代尔教授。于是，盖茨就主动向IBM公司的代表说明了情况，并把他们介绍给了数字研究公司。可是，数字研究公司的人根本不把IBM公司的代表放在眼里，这让IBM公司代表很气恼。于是，他们又回到西雅图微软公司，与比尔·盖茨签订合同，购买了微软公司的几款高级语言软件，其中也包括操作系统。

首先，微软公司要解决的就是操作系统的问题。由于没有获得CP/M操作系统的使用权，微软公司只好自己开发一个操作系统，而这一重任落到了比尔·盖茨的身上。

西雅图有一家计算机产品公司曾为8086微处理器开发了一个16位操作系统，叫作SCP-DOS。这个系统可以代替CP/M。于是，比尔决定对这个系统进行改造。

1980年10月，保罗·艾伦找到SCP-DOS的开发者蒂姆·帕特森，希望他把SCP-DOS软件转让给微软公司。蒂姆·帕特森爽快地答应了。最后，微软公司只花了不到10万美元就买下了这个软件。

有了SC-DOS软件后，微软公司根据IBM公司的严格要求，全力投入个人计算机软件的开发工作当中。而且，他们提前整整一年就完成了全部的软件设计工作。

电脑天才比尔·盖茨

然后，比尔·盖茨和保罗·艾伦以及史蒂夫·鲍默尔一起来到佛罗里达州的博卡拉顿，向IBM公司提交报告。经过一天的会谈之后，IBM公司和微软公司就合作的一些问题达成了一致协议。会后，盖茨充满自信地对他的两位伙伴说："很快，IBM就会和我们签订合同了。"

果然，在1980年11月6日，IBM公司就与微软公司签订了共同研制个人计算机的合同。

成长加油站

机会总会降临在有准备的人的身上。世界上有那么多计算机软件公司，而且有的公司非常有实力，比如加利福尼亚州的数字研究公司，可为什么IBM公司最后选择了刚成立不久的微软公司作为它一起研发个人计算机的合作伙伴呢？其实原因很简单，因为微软公司及它的创建者比尔·盖茨等人拥有着强大的软件开发能力。由此可以看出，当机会降临的时候，要想抓住机会，大显身手，自身必须提前做好准备，提升自身能力。

延伸思考

1. IBM公司为什么会选择和微软合作？

2. 从比尔·盖茨把机会让给数字研究公司这件事，可以看出他是一个怎样的人？

第十三章　计算机软件领域的佼佼者

按照合同要求，微软公司需要在一年以内将用于个人计算机的软件开发出来。而且，IBM公司要求微软必须得严格保守秘密，并制定了非常严格的保密标准。在IBM公司的要求下，比尔·盖茨和同事们全部搬进了西雅图国家银行大厦8楼的一个位于走廊尽头的小房间里。这个房间只有9英尺长、6英尺宽，隔壁是一家证券经纪公司。为了防止泄密，IBM公司对他们进行封闭式管理：房间门不能随便打开，职员不得将有关"象棋计划"的任何资料文件带出房间。此外，IBM还为他们安装了一个专门的保险箱。为了防止有人从屋顶进入房间，IBM公司还想在天花板上装上铁丝网。但这个要求被比尔和同事们拒绝了。房间没有窗户，也没有空调设备，到了夏天，房间里的温度可以高达38摄氏度。在这种环境下，很少有人能够坚持继续工作。但是，微软公司既然已经和IBM签订了合同，那么职员就只好遵守保密协议，在这种恶劣的环境下坚持工作。

按照合同要求，微软公司必须在1981年3月底之前完成全部的软件开发工作。为了加快工作进度，微软请来蒂姆·帕特森，一起合作设计操作系统。比尔·盖茨的主要任务就是对适用于阿尔塔计算机的BASIC语言进行改进，使其适用于

电脑天才比尔·盖茨

IBM的个人计算机。

在工作期间,为了与IBM公司保持顺畅地沟通和交流,比尔经常要出差去博卡拉顿,有时候一天之内要飞一个来回,行程达到8000英里。所以,比尔养成了在飞机上睡觉的习惯。

在开发工作中,难免会碰到各种各样的困难。有些困难是预料之中的,而有些困难则是无法预料的。

为了检验操作软件,微软公司向IBM公司申请了一台样机,可是直到感恩节的周末,他们才收到这台样机。而且这台样机只是一个雏形,并没有规定全部细节。负责人鲍勃和迈克·科特尼在样机送到之后,就开始进入了紧张的工作之中。他们使用了两种计算机,这些机器在工作过程中不断发出热量,使屋子里的温度又升高了好几度。高温不仅使职员难受,还引发了一个严重的问题——计算机在工作的时候变得越来越不稳定。鲍勃一开始以为是软件出了问题,可是他花了好长时间来检测软件,最后发现问题竟然出现在计算机上。于是,他给IBM写了一封信,信中说道:

"我们接连几个星期都在不停地工作,用你们送来的计

福布斯榜上最年轻的世界首富——比尔·盖茨

算机样机对86-DOS软件进行检测。一开始，硬件可以正常运行，可是没过多久，它就变得不稳定了。你们的工程师认为可能是高温导致样机出现了问题。而我们为了在计算机上安装合适的操作系统，不得不花好多天来弄清楚到底是硬件出了问题还是软件出了问题。即便如此，我们还是有可能会在1月12日之前完成对DOS和BASIC—86的开发……"

后来，程序编制员尼尔·孔森也加入进来，因此房间里又多了一台电脑。这使得房间里的温度又升高了，几乎达到了40摄氏度。计算机的工作可靠性进一步下降了。为了使计算机正常稳定地工作，他们就违背了IBM的规定，将房间大门打开了。为了不被IBM公司的检查员发现，他们还专门派一个人在门口探查，只要检查员一来，这个人就会立刻关上门。但有时候，他们仍然会被发现。

一次，IBM的检查员悄悄来到微软公司。他径直走到那个小房间门外，竟然发现房间门大开着，一些计算机零件甚至堆放在房间外面。为此，微软公司的人受到了严厉警告。从此以后，IBM进一步加强了检查系统，保密工作做得更加严格了。

1981年2月，微软公司的MS-DOS终于在样机上正常运行了。但是，计算机的运行速度很慢，远远没有达到鲍勃预想的状态。于是，他又给IBM的帕特·哈灵顿写信说："我不知道这台样机是否是贵公司速度最快的最新款。我担心媒体在评价样机的时候，很可能会以这台样机的情况作为参考依据。如果我们的计算机的速度无法超过8位处理器，那么就无法受到人们的欢迎。"不久，鲍勃提到的问题就得到了解决。

但是，还有一个问题阻碍了工作进程。IBM样机的基本

输入和输出系统无法把数据输入64K以上的位置，因为一旦执行这项操作，计算机就会死机。虽然这个问题被发现之后，IBM公司立刻派工程师前来修理，但仍然耽误了整整两个月的时间。另外，IBM公司直到2月的时候才将游戏杆控制卡送来，这也影响了BASIC的开发进度。于是，IBM公司又提出了一个新的日程表。微软公司同意了。但是，时间依然很紧张。为了能够按时完成这项工作，盖茨和全体员工经常在公司加班，把原定的外出游玩计划也都取消了。终于，微软公司在规定日期内完成了软件开发工作。他们将这款软件命名为MS-DOS软件。

可是到此时，比尔仍然无法放松下来，因为有两个很严重的问题还没有得到解决。其中之一就是，虽然微软与IBM签订了合同，但IBM并没有说明最后一定会使用他们开发出来的软件。因为IBM公司总是同时开发很多项目，而且最后只有少数项目能够继续进行下去。如果IBM公司最后决定取消个人计算机项目，那么，微软公司就只能得到很少的研究开发费，之前投入的大量人力、物力和时间都白费了。

为了让IBM最后选择使用微软公司开发的软件，比尔和他的同事们不断对MS-DOS软件进行改进，使其质量在同类产品中处于领先地位。另外，他还降低MS-DOS的成本，增强了其价格竞争优势。微软通过以低廉的一次性消费的方式将MS-DOS软件卖给了IBM公司。因此，IBM公司在出售这个系统的时候，也将价格定得很低，只有60美元。结果，MS-DOS推出之后，很快就受到了人们的欢迎和喜爱。

另一个问题就是SCP-DOS软件的版权转让问题。当初，

为了尽快推进工程进度，微软就购买了西雅图计算机公司的SCP-DOS软件。但是，西雅图计算机公司并没有将SCP-DOS软件的专利权全部转让给微软公司。如果以后西雅图计算机公司起诉微软侵犯专利权，那么微软公司将会面临严峻的司法问题。为了解决这个问题，比尔让艾伦给西雅图计算机公司的老板布洛克写信，请求他将SCP-DOS软件的专利权完全转让给微软。布洛克觉得微软提出的条件没有对他不利的地方，而且他还能净得一笔收入。另外，他也完全不知道微软公司这样做是要同IBM公司一起做一件大事情。于是，他爽快地答应了。协议签署之后，比尔·盖茨心中的一块大石头终于落地了。

微软公司在与西雅图计算机公司签署了SCP-DOS的完全转让权协议之后，仅过了16天，也就是1981年8月12日，IBM公司就宣布新型的个人计算机诞生了，并向人们展示了它的第一台样品。这台机器有一个磁盘驱动器，只有16K内存，定价为1565美元。但是在拍卖过程中，它的价格被炒到了6000美元。这台机器只提供一个普通的扩展表格程序、一个文字处理程序等很少的应用程序，最关键的操作系统还没有推出。所以，IBM又催促微软公司赶快开发DOS的新版本。

很快，IBM宣布新型计算机诞生的消息在社会上引起了巨大轰动。新闻媒体纷纷对其进行报道，说它"比竞争对手的产品能更好地处理较大的课题，还能以更加清晰的形象来传达信息"。

两个月后，IBM公司的个人计算机开始正式投放市场。IBM的个人计算机不再将销售群体固定在对业余爱好者，而

苹果公司总部

是拓展到了工作领域。很快,IBM公司就接到了大量订单,虽然它不断扩大工厂的生产规模,但依然不应求。在短短一年的时间里,IBM公司就销售了1.3万多台计算机,销售额达到了4300万美元。第二年,计算机销售量就突破了50万台大关。

IBM的个人计算机成功以后,公司就宣布将技术资料和产业标准的规格都公布出来,以便为那些想为IBM的个人计算机开发附加卡的公司和个人提供科学依据。另外,它还鼓励人们进行软件开发。于是,以DOS为平台的软件开发出现了激烈的竞争局面。

微软公司也加入了这场竞争中,先后开发出了MS-DOS、BASIC、FORTRAN、PASCAL语言,一个惊险游戏程序和一个打字程序。微软公司在已开发出的MS-DOS的基础上,又研制出了一种新版本DOS1.1,它有一个双面读写的磁盘,磁盘容量由原来的120K增加到了320K。

1982年5月,比尔·盖茨做了一次巡回展,向计算机公司和计算机爱好者介绍微软公司的这个新成果。由于IBM个人计算机受到了人们的普遍喜爱和欢迎,微软公司也跟着出了名,它研发的DOS软件成了计算机必备的一个软件。比

尔·盖茨及其创立的微软公司终于成了计算机领域的佼佼者，在世界范围内都赢得了良好的声誉。

> **成长加油站**
>
> 没有人轻易就能取得成功，更没有人可以不劳而获。一个人要想取得成功，除了自身要具备强大的能力外，他还需要坚持不懈地努力。比尔·盖茨及其创建的微软公司之所以能够发展成为计算机领域的佼佼者，是因为他们付出了别人无法想象的努力，始终坚持在计算机领域刻苦钻研。所以，如果我们想要取得成功，就要不怕苦、不怕累，更要坚持不懈，努力奋斗。

延伸思考

1. 比尔·盖茨及微软其他员工在研发个人计算机的时候，工作环境是怎样的？

2. 微软为什么能够成为计算机领域的佼佼者？

第十四章 进军日本市场

在美国,微软公司已经成功地将其软件销售授权给了各个计算机制造公司,占领了广大的市场。为了进一步扩大销售范围,它又开始进军日本市场。因此,微软公司在美国的销售量只占其总销售量的一半,另一半则在日本。微软公司之所以能取得这样显著的成绩,有一个人发挥了很大的作用,他就是西胜彦。

1978年,一个名叫西胜彦的日本小伙子打电话到微软公司,找到了比尔·盖茨。

西胜彦说:"您好,比尔·盖茨先生,我是西胜彦。"

比尔从来没有听说过这个人,于是就问:"请问您找我有什么事情吗?"

"我和您一样都对计算机很感兴趣,于是就中途退学,在日本东京创办了一家计算机公司。现在,我出版了一本计算机杂志,同时还销售计算机软件。对于贵公司的BASIC软件我非常感兴趣,所以我诚挚邀请您来日本访问。您的来回机票及在日本的住宿问题等都由我来安排。"

比尔听了西胜彦的话,感觉这位和自己年龄差不多的年轻人和自己有着相同的志向,非常激动。他很想和西胜彦畅快地聊一次,但是现实情况似乎并不允许。

"您好,西胜彦先生。您邀请我去你的国家拜访,我感到非常开心。但是,现在我实在是太忙了,根本没有时间去日本……不久之后,美国将会举办一次全国计算机会议,如果您能够来参加,到时候我们就可以好好地聊一聊。"

过了几个月后,西胜彦果然从日本飞到美国,并在加利福尼亚州的安纳海姆见到了比尔·盖茨。然后,两个人又一同去了阿尔伯克基。他们虽然是第一次见面,但却像是多年不见的老朋友一样,足足谈了8个小时。

比尔·盖茨和西胜彦生活在相距万里之遥的两个国家,之前从来没有见过面,但两个人在计算机发展方面的看法高度一致。比尔·盖茨为能遇到知音感到非常兴奋,他向西胜彦说起了自己对于计算机发展前景的看法:"个人计算机很快就将成为每个家庭必备的一种电器,就像电视机一样,到那时,社会对于计算机软件的需求将会空前扩大。"

西胜彦无比崇敬地看着比尔·盖茨,说:"我完全同意您的看法。"

比尔·盖茨接着说:"我现在所做的一切,都是为了把微软公司打造成一家世界著名的计算机软件发行公司。"

"比尔·盖茨先生,我请求成为微软公司在远东的代理

人，帮助您实现这一愿望。"

最后，比尔·盖茨与西胜彦签署了一份合同，达成了一笔高达1.5亿美元的交易。

由于日本电器公司的主管渡边先生在很早之前就曾向西胜彦表达过想要和比尔·盖茨先生合作的意愿，所以西胜彦回到日本后，立刻就找到渡边先生，让他去美国和比尔·盖茨就生产微型计算机的事情进行一次会谈。渡边先生很快就来到美国。比尔·盖茨先生热情地接待了渡边先生，带领他参观了微软公司。渡边先生看到微软公司为其他公司所做的无可替代的工作，感到无比惊喜，同时也受到了很大的启发，明白了自己今后在计算机领域将要做的事情。

回到东京后，渡边先生就与公司各部门负责人召开了一次会议。在会议上，渡边先生充满斗志地激励大家说："大家一定要把握住这次机会，争取使我们公司成为全日本第一家生产微型计算机的公司。现在，美国的一家叫作微软的计算机软件公司已经在计算机软件开发方面做得非常出色，这次的微型计算机设计任务就是由这家公司来承担的。"

到了第二年，日本电器公司就生产出了PC8001型计算机。这款计算机在日本国内非常畅销，在社会上引起了巨大的轰动。因此，日本计算机贸易展览会还邀请比尔·盖茨和西胜彦前来参会。会上，他们分别就计算机技术的发展前景做了精彩的演讲，受到了观众的热烈欢迎。一夜之间，比

第十四章 进军日本市场

尔·盖茨和西胜彦就成了日本家喻户晓的新闻人物。

1982年1月，西胜彦又来到微软公司，向比尔·盖茨展示了一份带液晶显示器的便携式计算机设计图。比尔·盖茨接过这份设计图，仔细研究了一番后，认为非常具有开发价值，于是就和西胜彦进一步讨论一些细节方面的问题。3个月过去后，他们就将这种新型计算机开发出来了。很快，京都京瓷公司就生产出了世界上第一台便携式计算机。1983年，日本电器公司、欧洲奥利维蒂公司和美国坦迪公司共同来销售这款计算机。这款便携式计算机投放市场之后，很快就受到了广大新闻记者的青睐。可以说，比尔·盖茨和西胜彦的这次合作非常成功。

这次的成功让比尔·盖茨清楚地看到，日本潜藏着巨大的计算机产品市场，于是他就想让西胜彦专门进行软件发行。但西胜彦不以为然，将更多的精力放在经销其他产品上。比尔·盖茨对于西胜彦的这种行为很不满意，他说："微软的操作系统已经成为软件行业的标准了，而且事实证明为微软公司带来了巨大的利润和机会。但是我们的合作伙伴西胜彦已经丧失了对计算机软件的热情，那我们微软公司就只好独自前行了。"从此，微软公司便与日本电器公司终止了合作关系，而比尔·盖茨和西胜彦的友谊也就此终结了。

1986年，微软公司在日本建立了一家分公司。比尔·盖茨亲自对微软日本分公司进行了调整，并雇用了西胜彦ASCII公司的职员古川享为日本分公司的负责人。古川享来到微软公司日本分公司后，又从西胜彦的公司里挖过来了18名雇员。从此，微软公司在日本站稳了脚跟。

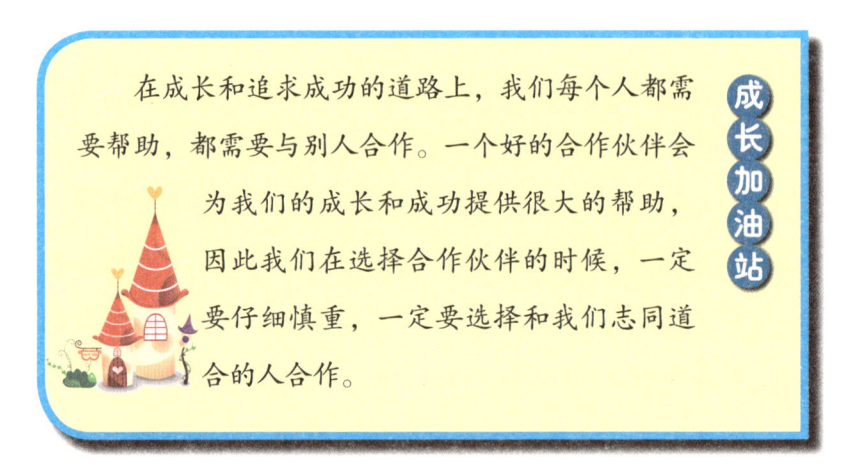

> **成长加油站**
>
> 在成长和追求成功的道路上，我们每个人都需要帮助，都需要与别人合作。一个好的合作伙伴会为我们的成长和成功提供很大的帮助，因此我们在选择合作伙伴的时候，一定要仔细慎重，一定要选择和我们志同道合的人合作。

延伸思考

1. 西胜彦在微软占领日本市场中起到了什么作用？

2. 比尔·盖茨及微软公司最后为什么要与西胜彦分道扬镳？

第十五章　转战欧洲市场

1981年，微软成立了以西蒙伊为首的开发小组，主要负责软件开发工作。不多久，他们就开发出了一套叫作"多计划"的软件，并且进行了试生产。这个软件也就是我们现在应用的各种电子产品上的"菜单"。当打开安装有多计划菜单软件的计算机的时候，它就会出现在计算机屏幕的下方。如果你用鼠标选中菜单中的一个功能，软件就会立刻打开一个次级菜单，向你提供更加详细的项目，供你选择。当你想要放弃操作的时候，按Esc键，计算机屏幕就会恢复到原来的状态。除此之外，"多计划"菜单软件还有很多其他的功能。

这套"多计划"菜单软件虽然是微软设计出来的第一款应用软件，但是设计水平已经非常出色，而且它在各种不同的计算机和操作程序上都能很好地运行。然而，这套软件也存在着严重的问题——由于受到IBM公司要求使用64K内存的制约，它的功能和运行速度不是很理想。尽管它一度被用户当作摆脱电子表格的枯燥处理方式的一种新途径，也曾被《信息世界》杂志评为年度最佳软件，但它依然没有逃脱被

其他同类型产品替代的命运。

1979年,莲花公司创始人米奇·卡泼与一名叫作乔纳森·塞克斯的程序编制人合作,编写出一个叫作"Lotus1-2-3"的软件。这套软件使用256K内存,和微软的"多计划"菜单软件相比,它的功能更加强大,速度也更快。1982年11月,"Lotus1-2-3"软件初次在拉斯维加斯的计算机展览会上亮相,便引起了巨大轰动。在短短几天之内,莲花公司就接到了超过100万美元的订单。到1983年1月的时候,"Lotus1-2-3"软件就已经独霸市场了,而微软的"多计划"菜单软件彻底被挤出了应用软件市场。

这次失误给微软造成了巨大的损失,甚至导致微软不得不暂时退出了软件市场。比尔·盖茨对于这次失败感到非常震惊,他从来没有想到自己公司精心设计出来的软件会在那么短的时间里就被其他的软件超越。比尔·盖茨对此虽然感到非常愤怒,但他并没有打算彻底放弃软件市场。他清醒地认识到,如果想要重新夺回软件市场,就必须要改变发展思路。同时,他认为"多计划"菜单软件丧失了美国市场,并不意味着就彻底失败了。他打算暂时放弃美国市场,向其他国家推广自己的"多计划"菜单软件。他在制订计划的时候,将第一站放在了欧洲。

1982年年初的时候,微软公司就派鲍勃·奥里尔去欧洲考察。奥里尔先后来到英国、法国等国家,说服当地的计算

机厂家转而生产微软公司的MS—DOS机型，然后他又和出版社合作，出版了BASIC作业手册的法文版和德文版。

8月份的时候，微软公司又派杰夫·雷克斯来到欧洲，正式开始推广微软的"多计划"软件。杰夫与鲍勃通过苹果公司驻法国代表乔钦·坎宾达成协议：在苹果二号计算机上搭售微软的"多计划"软件。微软公司在欧洲打开市场以后，便开始把它的软件改写成欧洲各个国家的语言。从此，微软才逐渐扭转了颓败的局势。

比尔·盖茨对欧洲市场进行了深入的研究，他决定把欧洲划分为三个主要市场，分别是英国市场、德国市场和法国市场，并在三个市场分别设立分公司，以满足各个市场的需求。

为了使欧洲分公司得到妥善运营，微软公司还聘用一位非常熟悉法国市场的计算机硬件经销商做微软法国分公司的负责人，这个人名叫伯纳德·维格尼斯。

1983年9月，"多计划"软件的法文版正式推出，而且很快就被应用于苹果、IBM等公司的个人计算机。后来，微软公司又为法国第二大计算机公司费克多公司编制了一个特定版本的"多计划"软件。这个软件很快就成了法国最畅销的程序软件。

到了1986年，莲花公司想要在法国推广它的"Lotus1-2-3"软件法文版的时候，它万万没想到微软公司

早已霸占了整个法国市场。不仅莲花公司,美国的很多其他软件公司也都对微软霸占法国市场的事情感到不可思议。

成长加油站

没有人可以永远成功。在成长和学习的道路上,每个人都有成功的时候,也有失败的时候。关键是,失败之后,我们要迅速调整状态,对失败进行客观的分析和思考,然后重新出发,探索新的成功之路,这样我们才能不被暂时的失败击垮,不断创造一个又一个成功。

延伸思考

1.微软为什么暂时退出美国市场?

2.面对"多计划"软件在美国市场上的失败,微软是如何做的?

第十六章　展开反击

微软公司在欧洲的胜利使比尔·盖茨信心倍增，他决定开始展开反击。对于自己的竞争对手，尤其是莲花公司的Lotus软件，微软公司展现出了非常强硬的态度：有Lotus就没有DOS，有DOS就没有Lotus。比尔·盖茨使用了一种非常秘密的方法导致Lotus软件在计算机上运行的时候，会造成计算机死机。这为微软公司赢得了时间。很快，微软公司就开发出了更新的软件，将Lotus软件比了下去。

1983年4月，在亚特兰大展示会上，微软公司展出了它为IBM公司设计的第二套软件。这是一套字处理软件，可以对输入计算机的文字材料进行修改、编辑、存储等，大大减轻了文字工作者的工作量，而且工作效率和工作质量也得到了很大的提高。

其实，早在1972年的时候，一个名叫塞莫·鲁宾斯坦的人就已经开发出了一种字处理软件。到了1979年，他又开发了一款更具有普及性的字处理软件——"文字之星"。这款软件投放到市场之后，受到了人们的普遍欢迎，到1982年，

它的销量就已经达到了100多万套。但是，这款字处理软件有一个很大的缺点——操作太复杂，使用者必须记住大量的按键组合，才能操作它完成一项命令。微软公司专门对"文字之星"软件的缺点进行了研究，在此基础上确定了自己的产品特点。

微软决定用高级C语言来编写软件，在屏幕上分窗口，所有的窗口可以同时显示不同的文件；它还增添了一个"废纸篓"，用来装删除的材料，当使用者想重新使用已删除的材料的时候，还可以把它从"废纸篓"里捡回来。另外，它还可以在屏幕上显示各种字体、划线以及特殊符号。最让人惊喜的是，这个软件是通过鼠标来操作的。使用者只需要移动计算机桌面上的鼠标，使鼠标箭头移动到需要执行命令的菜单上，然后单击鼠标，这样就可以执行选定的命令了。后来，比尔·盖茨又在这个软件中加入了激光打印机的驱动程序，这使得该软件具有了更大的发展竞争力。一开始，微软公司给这款软件取名为"多用工具字处理"软件，后来又改为MS字处理软件，最后确定名称为"微软"。接着，微软公司把"多计划"软件也改名为"微软计划"。

微软用了将近一年的时间，终于将这套软件开发出来了。后来，该软件在亚特兰大展会上获得了巨大成功。它功能齐全且方便，鼠标的应用也让其比其他软件更加新颖独特，所以很快就受到了人们的喜爱。

但是，比尔·盖茨并没有被成功冲昏头脑。他绝不允许"多计划"惨败的经历再次重演。为此，他不断对"微软字处理"软件进行改进，使其使用起来更快捷，更稳定。同时，微软公司还采用了和以往不同的宣传方式——凡购买《个人计算机世界》杂志的用户，都可以免费得到一个"微软字处理"软件的磁盘片。这种宣传方式很快就在新闻界引起了轰动。《软件谈》杂志称"微软字处理"软件是"第一个能充分利用IBM公司16位计算机优点的软件"，而《个人计算机世界》更是对它赞美不已，说它在性能和创新方面比"文字之星"还要好，在操作方面和"文字之星"相比也有很大进步。

但是，也有一些人认为"微软字处理"软件也存在着一些缺点，比如操作起来非常困难、软件中存在一些错误、程序太过复杂等。

由于市场对于这款软件褒贬不一，因此虽然"微软字处理"软件的问世引起了轰动，但是它的销量并不是特别好。为了改变这种状况，微软在1984年4月推出了"微软字处理"1.12版，10月，又推出了1.15版。这款新改进的"微软字处理"软件不仅运行速度比旧版本快了一倍，还新增了对话教学程序。在微软公司的不断改进下，"微软字处理"软件性能和运行速度等都有了很大改善，受到了一部分用户的青睐，占据了一定的市场。

虽然微软逐渐在市场上站稳了脚跟，但它面临的外部竞争依然非常激烈，其中最强劲的对手就是鲁宾斯坦的微处理公司。其实早在1978年的时候，比尔·盖茨就因为被鲁宾斯坦欺骗而对他心生怨恨。所以，当两家企业出现竞争的时候，比尔·盖茨是坚决不会让步的。很快，微软公司的"字处理"软件就在与"文字之星"的竞争中胜出，并拥有了稳定的用户群体，占据了广阔的市场。

成长加油站

竞争虽然会给人带来巨大的压力，某些人或事物甚至会在竞争中被淘汰，但是竞争也会促使人积极进取，不断追求卓越，所以我们不要惧怕竞争。面对竞争，我们要不断充实自己，提升自己，以便在竞争中取得胜利。

延伸思考

1."微软字处理"软件具有哪些优点？

2.比尔·盖茨为什么要在与微处理公司的竞争中坚决不肯让步？

第十七章　Windows奇迹

　　微软公司在成功研制出字处理软件并在市场上站稳了脚跟，接着它又开始攻克开发表格软件的难题了。但是，在开发表格软件的过程中，它遇到了很大的困难。

　　莲花软件公司董事局主席米奇·卡泼，一直是比尔·盖茨小心提防的一个人，因为他的"Lotus1-2-3"软件曾一度将微软公司开发的软件挤出了美国市场，并且这套表格软件几乎霸占了整个电子表格市场。莲花公司电子表格这一项的收入，就比微软公司的总收入还要多。于是，在1981年9月，微软公司的高层就频繁召开秘密会议，讨论击败"Lotus1-2-3"软件的方法。经过反复研讨之后，他们一致决定开发一种新的软件，这个软件最后被命名为"视窗"。这款软件将不再使用不便操作的MS-DOS操作，改用以简单、直观的图形界面为基础的操作。

　　但是要开发视窗软件并不是一件容易的事情。因为"Lotus1-2-3"已经成了IBM个人计算机及其兼容机表格软件的标准。为了能够使开发视窗软件的工作顺利进行，比尔·盖茨亲自来把控研制的进度。

　　比尔·盖茨首先要面对的就是软件操作问题。当时虽然

各种软件层出不穷，但却没有一个统一的操作方式。如果一个用户好不容易掌握了"文字之星"的操作方式之后，当他使用"多计划"软件或"Lokusl1-2-3"软件时，那他之前掌握的软件操作经验就毫无用处了。而且，不同的软件需要配备不同的打印机和显示器，这就要求人们在使用一个软件的时候，还必须要同时使用附带的很多磁盘，否则，它就无法正常工作。为了解决这些问题，比尔·盖茨决定在MS-DOS和各应用软件之间设置一个可以记录显示器和打印机型号的接口管理软件，这样一来，各应用软件只需通过接口管理软件设置打印机和显示器，而不必与操作系统发生直接联系了。为了确保这项工作能够顺利进行，比尔·盖茨对参与该项目的职员提出了非常严格而详细的要求，比如必须使用图像模式、下拉式菜单、对话框及屏幕上所见即所得等。

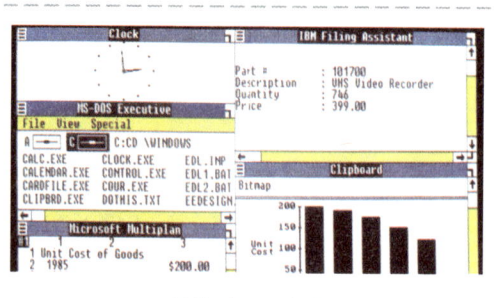

虽然设计软件的工作已经正式开启了，但是比尔·盖茨始终没有为这个软件确定一个合适的名字。于是，他要求微软职员共同为这个软件取一个名字。有一个叫汉森的职员说："我觉得，软件的名字最好不要有太强的技术性，而应该给用户以亲切、方便和友好之感。我建议给这个软件取名为Windows。"大家觉得汉森的提议很好，于是微软最后决定把这个软件定名为"微软视窗"。

第十七章　Windows奇迹

开发"微软视窗"并不是一件容易的工作。微软虽然已经花费了两年的时间来开发这种软件，但始终没有取得明显的进展。这主要是因为，当时的个人计算机内存只有256K，但视窗软件需要用到的内存要比计算机内存大很多，这导致微处理器的速度非常缓慢，而且当时的MS—DOS操作系统还无法支持视窗软件的很多功能。

不仅如此，微软还面临着外界巨大的竞争压力。在微软开始开发视窗软件的同时，其他很多公司也都投入到了开发类似软件的紧张工作当中，其中最有实力与微软竞争的就是IBM公司。为了打压IBM，比尔·盖茨拉拢与它有竞争关系的康柏、泽尼特、坦迪等公司，

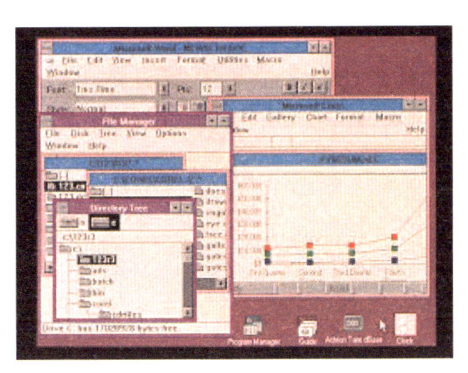

Windows 3.0、Word和Excel截图

一起抵制IBM在标准件开发上进行垄断的行为，最后将IBM孤立了。但是比尔·盖茨无法阻止所有的竞争者。很快，就有一家公司毫无预兆地宣布它已经开发出了一款和视窗软件非常类似的软件，并且已经投放市场；还有一家刚成立不久的软件公司开发出了一种叫作DESQ的软件，其功能和形式也和视窗类似。比尔·盖茨看到这种情况，内心十分焦急，因为微软直到现在仍没有将视窗软件开发出来。如果微软在这场竞争中失败了，那么不仅之前树立的名誉会毁于一旦，而且投入的大量人力和物力也都白白浪费了。所以，这一次他决定冒一次险。

1983年11月10日，比尔·盖茨在纽约召开了一次隆重的新闻发布会。在会上，他宣布微软将会在年底推出"包容DOS的图形接口"的视窗软件，并且断言一年之后，视窗软件将会进一步普及，到时候，90%以上的计算机都可以使用视窗软件了。他还对视窗软件进行了简单介绍："视窗软件本身不包含任何的操作程序，它只是安装在操作系统中的一个环境。在视窗环境下，用户可以在计算机上安装任何他们想要安装的程序，而不必担心兼容问题。"

比尔·盖茨采取的这种商业上的虚张声势做法奏效了，包括莲花公司在内的很多有名的软件公司都表示支持微软，并考虑将视窗与它们的软件结合起来。

可是，比尔·盖茨没有想到，开发视窗软件的工作是如此巨大而艰巨，这是他以前从来没有遇到过的。很快就到年底了，但视窗软件的开发工作仍然没有什么大的进展，最后微软不得不将出台时间推迟到了第二年的第一季度。这种行为与微软曾经宣称的"我们出售的是诺言"的口号背道而驰，因此，微软公司的信誉尤其是比尔·盖茨的声誉大受影响。但这还不是最糟糕的。

1984年2月，当各计算机公司和软件公司按照之前的约定来到西雅图，参加微软公司举办的图形用户界面技术研讨会的时候，微软公司却没有向人们展示出任何像样的视窗软件的资料，并将供货时间再一次推移到了5月份。可是，到了5月，微软依然没有完成对视窗软件的开发工作。于是，微软公司又将时间推迟到了8月份。由于微软公司反复食言，人们对于视窗也就不再抱有太大希望，转而寄希望于生产Vision的可视公司。可是，可视公司也陷入了破产的危机，并且其他公司开发

出来的软件也都存在很大的问题，于是人们又将注意力集中到了微软公司身上，希望它的视窗软件能够早日问世。

　　8月份到了，微软仍然没有按照约定向用户提供视窗软件。因此，新闻媒体对比尔·盖茨进行了无情的讥讽和挖苦，并且给视窗软件取了一个绰号——"泡泡软件"。经过这次事件后，比尔·盖茨终于清楚地认识到自己不具有行政管理才能，如果想要推动视窗软件开发工作，就一定要找一位合适的人来总揽大局。经过一番认真考量之后，他决定任用刚进公司不久的琼·谢利担任第二总裁。事实证明，比尔·盖茨的这个决定是正确的。

　　琼·谢利上任之后，立即对视窗开发工作的各个环节进行了一次细致深入的调查，最后终于发现了问题所在。原来，视窗软件开发工作之所以一直无法取得大的进展，关键问题就在于管理和组织上的混乱无序。发现问题之后，谢利没有迟疑，迅速对研制组进行了一次大调整，将其划分成了几个部门，每个部门配一个主管，而比尔·盖茨只需集中精力来思考软件的总体构架和发展方向。同时，谢利还把原来担任视窗的产品经理的孔森调到了视窗研制小组，让他负责图形界面的设计工作。孔森是微软公司中非常有实力的程序设计员，曾为公司开发出了编辑器和转换卡等畅销产品，同时还在MS-DOS的开发工作上作出了巨大贡献。孔森的加入，无疑使视窗研制小组的实力大大增强，工作终于有了起色。但是，即便这样，他们在短短两个月之内也无法全部完成软件开发工作，所以面对10月交货的诺言，微软再次食言了。他们宣布视窗软件将于1985年6月正式上市。

为了能够遵守承诺，给用户和社会大众一个交代，微软公司把视窗软件的开发工作放到了公司的第一位置上。为此，微软公司把软件设计和程序调试人员增加到了30人，所有程序员都不分白天黑夜地、加班加点地工作，比尔·盖茨也和其他员工一样几乎到了废寝忘食的地步，不仅要琢磨软件的整体架构和发展方向，还要审核已经编制好的软件。

一天早晨，鲍默尔将编完的软件交给比尔·盖茨审核。在检查的时候，比尔·盖茨突然发现了一处错误。顿时，他心中腾起一股怒火，大声嚷道："鲍默尔！鲍默尔在哪里？"

此时，鲍默尔刚稍微放松，想吃点早餐。他突然听到比尔·盖茨愤怒地在叫自己的名字，立刻端着盘子跑到了比尔·盖茨跟前，紧张地问："哪里出问题了吗？"

"你还有心情吃饭？你们研制组是怎么工作的？为什么会出现差错？我警告你，如果年底之前完不成工作，你们研制组统统给我走人！"

鲍默尔从来没有见过比尔·盖茨发这么大火，他赶紧放下餐盘，将已经连续工作了几天后刚刚睡下的程序员一一叫醒，又投入到了工作当中。

经过11万个小时紧张而严密认真的工作，视窗软件开发终于取得了显著的成果。这套软件85%是用C语言编写而成的，剩下的关键部分则是直接用汇编语言写成。它与其他软件将各种软件交叠排列的方式不同，把各种档案材料整齐地排列在桌面上，看起来非常整洁有序。此外，微软还给这个软件增加了日历、计算器等常用小工具，使其更加完善。

1985年5月，在春季计算机展销会上，比尔·盖茨向人们

展示了演示版视窗软件,并亲自演示了用鼠标和键盘在"窗口"环境下操作的效果。一个月后,微软向部分用户提供了视窗软件的测试版。过了几个星期后,它又向新闻界赠送了视窗软件评估拷贝版。1985年11月,视窗软件正式上市了。

> **成长加油站**
>
> 在开发视窗软件的过程中,比尔·盖茨不断更改软件出台的时间,使其信誉受到了严重影响。由此我们可以看出,在树立学习目标的时候,千万不要盲目,一定要从实际情况出发。只有这样,树立的目标才是恰当的,才能够既促使我们不断努力追求,又不会使自信心受到打击。

延伸思考

1.微软公司为什么一再推迟视窗出台的时间?

2.从视窗软件的开发过程中,可以看出比尔·盖茨是怎样一个人?

第十八章　微软股票上市

微软公司先后开发出了MS-DOS操作系统和视窗软件，而且MS-DOS操作系统经过不断改进，已经成了计算机操作系统的标准，其行业地位无可撼动。所以，微软公司的计算机产品在世界范围内都占据了广阔的市场，并赢得了良好的世界声誉。随之，股票上市问题也被提上了微软公司的议事日程。

可是，比尔·盖茨并不想让微软的股票上市。他之所以这样抵触公司上市，是因为微软当时正处于发展鼎盛时期，公司利润几乎达到了34%，股票不上市，更有利于维护公司的利益。另外，公司股票上市是一件非常麻烦的事情，不仅要按照法律程序办理一大堆手续，处理各种大小事务，制定各种制度和规定，同时，还要参加各种活动和应酬，不停地到各个地方进行演讲，回答新闻记者各种各样的提问，并与他们斗智斗勇。这样一来，比尔·盖茨就无法全身心地投入到开发新技术当中去，也不能专心管理公司，全力迎接残酷的竞争。而更让比尔·盖茨担心的问题是，一旦公司股票上市，大量的财富快速涌来，那么公司员工就会无法专注地进行工作了。在工作的过程中，他们必然会分出一部分注意力

去关注股票的价格与走势,甚至公司一些领导人很可能会卖掉股票后离开公司。

比尔·盖茨还担心,股票上市后,随着财富的增加,人际关系就会变得冷淡,公司之前建立起来的如家庭般温暖的氛围就会被破坏。这是比尔·盖茨非常不愿意看到的。

但是,微软公司的其他人则非常愿意看到股票上市,因为这样一来,他们就可以快速获得更多的财富。而且,在1985年的时候,琼·谢利等公司核心人物就与比尔·盖茨谈到了股票上市的问题,当时,比尔·盖茨以先开发出Excel电子表格软件及视窗软件这两个主要产品为由推脱了。现在,这两个产品均已开发成功并顺利投放市场了,比尔·盖茨不能再推脱了。

最后,比尔·盖茨做出了股票上市的决定。之后,微软公司就启动了推动公司股票上市的进程。首先,微软要与金融界建立起联系,这件事情由公司财务负责人弗兰克·盖德特负责。当那些金融界人士听说微软公司的股票要上市的时候,纷纷打来电话要求面谈,有的甚至找机会巴结比尔·盖茨,希望能从比尔·盖茨那里得到合作机会。最后,微软公司决定,先由盖德特与中立银

比尔·盖茨与斯蒂夫·乔布斯

行家取得联系，然后从中挑选承销商。

经过筛选之后，盖德特很快就挑选出了两个承销商来共同办理公司股票上市的销售工作。但是，在找华尔街的合作者的时，盖德特就犯难了。经过艰难的选择之后，盖德特终于筛选出了八个比较合适的机构，然后又对这八个机构进行仔细考量，最后，盖德特选择了金人·萨奇公司，并将其推荐给了比尔·盖茨和琼·谢利。过了几天后，盖德特又向比尔·盖茨推荐巴尔的摩的桑斯公司作为主要机构购买承销商。

在选择承销商期间，比尔·盖茨就已经与美国《财富》杂志社签订了合同，并同意它的一名记者来报道微软公司股票上市的情况。股票上市对于承销商和律师来说，是非常敏感的一件事情，所以当微软承销商听说杂志社的记者要来报道股票上市情况的时候，表示强烈反对。但比尔·盖茨丝毫不动摇，坚持最初的决定。最后，承销商只好做出妥协。

为了应对股票上市所产生的法律及对外合作等事务，微软公司将威廉·纽科姆提拔为公司副总裁，专门处理这些事务，并且还成立了专门负责法律事务的部门。

1986年1月底，纽科姆起草出了一份上市公告。按照这份公告中的内容，比尔·盖茨和保罗·艾伦作为公司创始人，将占据公司主要股份，其中比尔·盖茨为1100万股，保罗·艾伦为640万股。公司其他核心人物，如鲍默尔拥有170万股，谢利拥有40万股，西蒙伊为30万股，盖德特为19万股。此外，比尔·盖茨的父母也拥有21万股。

这份公告有50多页，详细介绍了微软公司的内部情况，

第十八章　微软股票上市

为公众了解微软公司提供了很好的资料。2月3日，微软公司将这份公告分发给了各个股票监督委员会代表和代理商们。一时间，微软公司的股票成了大众议论和争相购买的对象。对于这种情况，微软的其他员工都非常兴奋，但是比尔·盖茨似乎并没有表现出太多的热情。在公司股票上市期间，他满脑子想的仍然是软件开发工作。当亲戚朋友向他发出购买股票请求的时候，他非常淡漠地说："我讨厌股票上市，我的愿望是开发出更好的软件，而不是让股票卖个好价钱。"但不管比尔·盖茨多么不情愿，微软公司的股票上市事务继续有条不紊地进行着。

3月13日这天，微软公司的股票在纽约股票交易所正式上市了。微软股票第一天开盘价为每股25.17美元，收盘价为29.25美元，总共成交了360万股。而其他公司的股票则很少有人购买。股票承销商们还从来没有看到过这种情况，都惊得说不出话来了。过了一周后，微软公司的股票价格已经上升到了每股35.50美元。比尔·盖茨很快就凭着售卖股票获得了160万美元的收益，而他所拥有的股票的价值也已经达到了3.5亿美元。

这样，比尔·盖茨对于股票的看法彻底改变了。为了能够使公司的股票有一个更好的价格，他和他的同事要在不同的城市间来回穿梭，进行巡回演讲。他们每到一处，都会受到当地人们的热烈欢迎，每一次的销售会也都热闹非凡。比尔·盖茨和他的同事都对于这次成功感到无比兴奋和自豪。

到了1987年，微软公司的股票价格就上升到了每股90.75美元，而且还有继续上升的趋势。到了10月份，比尔·盖茨

拥有的微软公司股票的价值已经超过了10亿美元,保罗·艾伦拥有的微软股票价值为6.4亿美元,他们分别被美国的《福布斯》杂志列入了美国富翁榜的第29位和第87位。

比尔·盖茨在他31岁那年就已经成了闻名世界的亿万富翁,而他创办的微软公司也得到了飞速发展,并空前壮大起来。

成长加油站

任何事物都遵循着一定的发展进程和发展规律,如果违反了事物发展规律和进程,那么不管你付出多少努力,最后得到的结果也不会太好。所以,在学习和做事的时候,我们一定要遵循事物发展的规律,既不保守也不冒进,按照规律推进事物发展的进程,从而收到事半功倍的效果。

延伸思考

1. 比尔·盖茨起初为什么反对公司股票上市?

2. 后来,比尔·盖茨对于公司股票上市的看法为什么会发生改变?

第十九章　进入中国市场

比尔·盖茨和他的微软公司并没有将目光局限于美国市场，而是看到了除美国和欧洲以外的世界其他地区。微软公司首先将目光投向了亚洲，尤其是中国和东南亚国家。

比尔·盖茨认为，中国拥有着全世界五分之一的人口，而且到了90年代，中国的计算机市场飞速发展，微软公司的MS—DOS操作系统以及视窗1.0至3.0版本在中国都非常受欢迎。如果能够集中力量来开发中国市场的话，那么，中国计算机市场的潜力将是无穷的。于是，为了进一步了解中国计算机市场，为今后进军中国市场打下基础，他决定到中国进行访问。

1994年3月21日，比尔·盖茨乘坐飞机来到北京，开始了休假旅行。名义上是休假旅行，其实就是考察中国计算机市场的一次访问调查。他这次来中国，只带了一名翻译。尽管他已经是闻名世界的大富豪了，但他的穿着打扮仍然和普通人一样，一件普通的衬衫、一条牛仔裤、一双普通的运动鞋。他尽量低调，不想引起人们的注意，但是他毕竟是世界上最大的软件公司——微软公司的总裁，他乘坐的飞机刚在

电脑天才比尔·盖茨

北京机场落地,中国电脑界就已经产生了一阵巨大的轰动,而他在北京期间的一举一动也都成了人们关注的焦点。

3月22日早上,比尔·盖茨先和两位客户进行了会谈,然后又来到中科院参观,与中科院院长进行了交流。当看到中科院的语言识别系统的时候,他被中国软件工程所具有的巨大潜力震惊了,不停地发出赞叹。本来,比尔·盖茨还想对中国计算机工作者的工作进行更加深入的了解,但由于时间有限,最后不得不放弃。到了下午,他在office4.0汉化版软件发布会上担任主持人,向中外记者详细地介绍了这款软件。晚上,中国计算机工作者为比尔·盖茨举办了盛大的欢迎晚宴。在宴会上,比尔·盖茨与中国同行进行了更加深入的交流和探讨。

3月23日这天,比尔·盖茨一大早就起来了。在吃早点的时候,他又会见了中国十多位著名的软件工作者,接着,又在北京香格里拉饭店作了名为"90年代微机工业展望"的

正在演讲的比尔·盖茨

专题演讲。来自中国各地的一千多名计算机工作者出席了这次会议，他们都想听听这位闻名世界的电脑天才对于计算机发展前景的看法和展望。会上，比尔·盖茨阐述了自己对于计算机发展的新的看法，并对90年代计算机的发展趋势进行了预测，他提出，个人计算机和软件在今后将会以令人意想不到的速度发展。会上，比尔·盖茨还亲自演示了视窗NT，展示出了这款软件强大的多媒体功能。随后，比尔·盖茨又来到北京大学，看望了中科院院士同时也是北京大学计算机系主任的杨芙清教授。当他看到北京大学软件工程研究室的"青鸟Ⅱ"系统的时候，对它的软件工程自动生成环境赞叹不已。

比尔·盖茨的这次中国之行虽然受到了中国电脑界的普遍欢迎，但也有一些人提出了异议。比如中国《经济日报》的记者就在采访比尔·盖茨的时候，不留情面地问："比尔·盖茨先生，听说中国企业界对于您这次到访中国并不欢迎，您怎么看？"比尔·盖茨微微笑了一下，说："对于这一点，在我来中国之前早就已经想到了。其实，对于微软能否凭借自己的操作系统在中国计算机市场上找到一席之地，我曾经也不太确定。但是，在我和江泽民主席会面之后，我的疑虑完全消失了。江泽民主席对我说：'中国对于信息产业的发展是非常重视的，为此，中国已经制定并实施了一系列推进国民经济信息化建设的重大工程。'而且，江泽民主席最后还郑重说道：'中国对于微软来中国发展，加强与中

国企业之间的合作是非常赞同的。'"

并且，让比尔·盖茨更加坚定进军中国市场的决心的，是他对于中国计算机发展状况的分析。当时，个人计算机已经在世界各个国家得到了大力推广和普及，每年个人计算机的世界总销量增加约4700万台，而中国自进入90年代后，计算机市场得到了快速发展。当时，中国的个人计算机的全国销量为220万台，预计到1995年，全国计算机销量将会超过1000万台。如果按照这个发展速度，中国很快就会成为世界最大的计算机市场之一。

但比尔·盖茨并不是最早认识到中国市场潜力的人，因为早在微软之前，IBM公司等就已经进入中国市场了。为了巩固在计算机领域第一的位置，IBM公司早在90年代就确立了开拓中国市场的基本战略。此外，苹果公司也在中国开始行动，而且进展更快。它与中国接连合作发开了芯片、跨平台技术等，同时还在中国设立工厂，生产麦金托什（简称Mac）电脑。当比尔·盖茨看到其他计算机公司纷纷来到中国，并在中国发展得很好的时候，他要进军中国市场的想法就更加迫切了。

1994年12月8日，比尔·盖茨与中国电子工业部签订了一份合作备忘录，双方决定要共同开发"视窗95"中文版。第二年，微软公司又与中国的23家企业签订了合作协定，并在中国开始出售中文版软件。此后，微软公司凭借着它巨大的市场开拓能力，一步一个脚印地与中国计算机同行们展开了

更加广泛、深入的合作。

比尔·盖茨能够凭借着其对于市场的敏锐观察，认识到中国计算机市场巨大的发展潜力，赢得了中国消费市场的认可，不得不说他不仅是一位计算机天才，而且还具有非凡的商业头脑。

> **成长加油站**
>
> 在做事情之前，我们要根据实际情况制定出一个切实的实施计划和战略目标，然后按照已有的计划，脚踏实地地付出努力，朝着战略目标前进。另外，当情况发生变化时，我们也要适时地对计划进行调整，千万不要固执不变地执行原有的计划，否则会事倍功半，甚至让我们离目标越来越远。

延伸思考

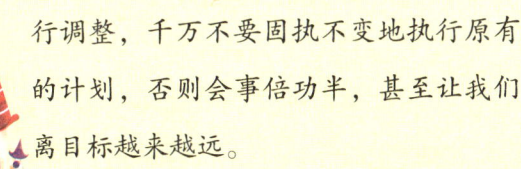

1. 比尔·盖茨为什么下定决心要开拓中国市场？

2. 对于比尔·盖茨到中国访问，中国电脑界有什么反应？

第二十章　开发网络软件

90年代可以说是比尔·盖茨及其创建的微软公司大放异彩的时期。在这一时期,比尔·盖茨设计的多媒体软件凭着它简单的操作、丰富而优秀的功能以及精美的设计,从众多的媒体软件中脱颖而出,成了其他计算机软件争相效仿的对象。但是,比尔·盖茨并没有被已经取得的成就冲昏头脑,他清醒地认识到,计算机市场并不像表面看起来那样平静,而微软公司也面临着巨大的压力。计算机领域存在着非常激烈的竞争。在微软公司不断发展壮大的同时,其他计算机公司也在不停地发展壮大自己的实力,准备随时向微软发起挑战。这样的公司包括在数据库软件领域占据龙头位置的阿塔森特公司、主攻网络工作站的Novell公司、老牌计算机企业IBM公司以及苹果公司等。

同时,比尔·盖茨对于计算机领域的发展趋势也进行了深入细致的分析。他发现,以前计算机是独立进行工作的,无法与其他计算机联机,更不能实现多机之间资源共享,而现在的多媒体计算机在联网以后,就可以实现资源的多机

共享了。另外，他还发现，人们越来越喜欢从网络里直接调用软件，而不愿再继续按照以前的方式，使用分装在磁盘中的软件。可是，微软公司就是靠研发计算机软件并将软件刻进磁盘进行销售而一点点发展起来的。计算机这一新的发展趋势无疑是对微软公司的一次重大挑战。面对这一发展困局，比尔·盖茨及其创建的微软公司还会像从前那样一路领先吗？

人们对于微软公司的发展前景充满了担忧，但比尔·盖茨并没有畏惧，他决定直面困难，用自己的勇气和智慧来解决困难，迎接微软新的发展高潮。为了实现这一目标，比尔·盖茨第一步要做的就是投入更多的精力和资源进行技术创新。

比尔·盖茨深刻地认识到，实现微机联网、开通信息高速公路之后，整个社会结构、经济方式、生活方式及人们的思想理念都会发生颠覆性的变化。于是，在他的带领下，微软公司在"视窗95"上增加了联网功能。同时，他还创立了一个IHS互联网家庭系统，以银行、工厂、学校、家庭甚至好莱坞等作为产品开发对象，向社会大众提供优秀的文学著作、美术及摄影作品，以及儿童启蒙教育材料等。他还与娱乐界巨头创建的SKG梦幻公司合作，在他创建的互联网系统中加入了大量的娱乐内容。而且，他还用视窗取代MS—DOS，寻找用"面向对象编程法"取代软件开发的方法。一

旦"面向对象编程法"成功实施,那么全世界的程序员很可能就会面临失去工作的危机。

在网络开发这个新的挑战上,比尔·盖茨又向人们展示出了他那令人惊讶的对于工作的热情和投入状态,以及永不认输、富于挑战的精神。他带领着微软公司的员工时刻关注着计算机领域发生的哪怕一点儿风吹草动,并时刻准备着迎接各种各样的挑战。可是,在网络开发方面,微软并不是一帆风顺的,它遇到了很多阻力和麻烦。

在美国国内,很多自由主义者和无政府主义者指出,所谓的"微软服务"只不过是表面的宣传语,其实质是要对计算机领域进行全面控制。为此,他们一直想从理论和法律上攻击微软公司。

此外,微软公司还面临着来自对手的激烈的竞争。SUN和Oracle等公司研制出了一种新型电脑,也就是网络电脑。这种电脑不需要配备硬盘、光驱和软驱,只要和网络服务器相联,它就可以直接从网络上下载所需要的应用程序。如果这种网络电脑在市场上成功推广的话,那么微软和英特尔很可能就会陷入生存危机。在开发Internet浏览器方面,微软由于起步较晚,也很难在短时间内赶上该领域的佼佼者网景公司。

因为微软的竞争对手也不希望看到它一支独大,于是就联合起来,对微软公司进行极力打压。在提倡自由竞争的美

国,微软为何会遭遇如此打压和排挤呢?这是因为在当时的美国,如果一个公司发展过快,人们就会认为它可能会进行行业控制和垄断,甚至对其他公司进行打压和蚕食。为了避免出现这种情况,当人们发现一家公司飞速发展,出现行业垄断苗头的时候,就会对它进行打压。

为了提升自身的竞争力,比尔·盖茨原本打算在"视窗95"中增加"微软联机网络"软件,从而使微软联机网络在市场上逐渐推广开来。如果比尔·盖茨的这个计划能够顺利进行的话,很可能会给微软带来新的发展机遇,但是这引起了微软对手们的不满。它们纷纷向微软发难,以至于最高法院最后不得不专门成立一个小组来负责调查视窗软件。正是由于这个原因,微软公司的一个非常大的投标项目始终无法在联邦法院通过,它开通联网服务的努力也被指控为行业垄断。

但是,比尔·盖茨并不承认微软开通联网的服务是一种垄断行为。他为此事与司法机关展开了长达五年的周旋,最后也没有解决。那些联邦法官对大资本是不信任的,他们时刻注意着微软公司的动向。

除了外界的压力外,微软公司内部也困难重重。微软公司原本计划通过发行"视窗95"在市场上树立起"最佳硬件支持"的形象,并成为下一代计算机的标准,但最后的结果与微软的期望背道而驰。"视窗95"没有赢得更好的销量,

反而在用户中产生了非常不好的声誉。而且，微软公司宣布它的"视窗97"即将上市，这样一来，人们就更不愿意安装"视窗95"了。

在这些困难面前，比尔·盖茨和他的微软公司并没有畏惧退缩，仍然按照之前定好的发展计划不断向前发展着。到1993年，全美国就已经有7万多家独立的软件制造商，生产出大量软件，几乎是5年前的三倍还要多。

成长加油站

困难和危机既能给我们带来压力，也能为我们提供新的发展机遇。我们在学习和做事的过程中，一定要正确看待遇到的困难和危机，并积极寻找解决的办法，当我们经过一番努力最终克服了困难，顺利度过危机之后，我们会发现自己已经进入了一个全新的发展阶段；如果在困难和危机面前畏惧退缩，那么我们承受的压力就会越来越大，最后会一败涂地。

延伸思考

1. 促使比尔·盖茨决定开发网络软件的原因是什么？

2. 微软在开发网络软件的过程中都遇到了哪些阻碍与困难？

第二十一章 来自IBM和苹果的威胁

微软公司继推出了"视窗3.0版"和"MS-DOS3.3版"后，在1991年和1993年又分别推出了"MS-DOS5.0版"和"DOS6.0版"及其后续版本"6.22版"，并且都取得了巨大成功。很快，比尔·盖茨的微软公司就冲到了计算机领域的前列，占据了主要的软件市场。

但是，比尔·盖茨并没有因为已经取得的成绩而感到骄傲，他脑中一直在思考着微软未来的发展及可能会遇到的风险。因为在他看来，电脑技术飞速发展的时代已经到来，如果不更加谨慎和勤奋，就有可能会被其他公司超越甚至取代。于是，在1991年年初，他向微软公司的董事会成员分发了一份公司发展状况备忘录。在这份备忘录中，他细数了微软公司已经取得的巨大成就，同时也深入全面地分析了公司可能会遇到的压力和危机。

比尔·盖茨指出，微软公司在网络等领域起步较晚，和该领域的领先者Novell公司相比还有很大差距，仍不能在计算机网络市场上站稳脚跟。一些具有丰富的市场经验的软件开发商，想方设法地阻挠微软公司的发展。而与苹果公司的诉讼也是微软发展过程中必须要解决的麻烦，因为一旦苹果公司取得诉讼的最后胜利，那么微软公司之前为了开发和推广视窗软件而投入的大量资金和资源不仅会毫无收获，甚至会因此丢掉价值几十亿美元的市场份额。

在这份备忘录中，比尔·盖茨还对微软与IBM之间的关系进行了重点说明。他说："现在微软已经发展成了一家更加强大的公司，我们已经确立了自己的发展标准，不需要再依赖IBM公司，所以我们与IBM公司之间应该建立起一种平等、公平的关系。"

在公布这份备忘录后不久，一些不了解实际情况的人开始变得恐慌起来，他们感觉微软的竞争者已经快要超越微软，于是便开始大量抛售微软的股票。结果，微软股票在短短一天之内就下降了8美元，给比尔·盖茨个人造成了3.15亿美元的惨重损失。但是那些对微软公司和股票行情非常了解的人在比尔·盖茨公布了这份备忘录之后，不但没有将手中的股票抛出，反而大量买进微软股票。最后，这些人因为股票差价狠狠地赚了一大笔。

在比尔·盖茨发表了备忘录后不久，IBM公司的董事长约翰·阿克尔斯也发表了一份备忘录。在这份备忘录中，约

第二十一章 来自IBM和苹果的威胁

翰·阿克尔斯坦然承认了IBM公司的失败。他亲口说:"目前,IBM公司正处于从未有过的艰难处境之中。"约翰·阿克尔斯的说法并没有夸张,因为自1984年以来,IBM公司的销售额就呈现出了连续下滑的趋势,它的股票价格也不断下降,再也不是股市上的"香饽饽"了。约翰·阿克尔斯充满担忧地说:"在全美掀起计算机热潮的时候,IBM公司的市场占有率几乎达到了一半以上,可现在的市场占有率已经下降到了20%。我们公司正在丧失掉已经占有的市场,并一步步走向没落。如果我们不赶紧进行整顿的话,那么IBM公司早晚有一天会面临倒闭的危机。"

为了能够应对外界的竞争,尤其是微软公司的竞争,阿克尔斯决定与IBM公司曾经的"死对头"苹果公司联合起来。而苹果公司当时也承受着来自微软公司的巨大的竞争压力,所以虽然它与IBM公司也存在着司法纠纷,但它仍然答应与IBM联合起来,共同对付微软。

距离阿克尔斯发表备忘录刚刚过去不到半个月,IBM公司就和苹果正式结成了同盟。它们经过商议,决定在未来的7年时间里将两家公司的技术实现共享。

对于IBM公司与苹果公司做作的这种决定,人们并不感到意外,因为过去由IBM公司和苹果公司把控的计算机市场,现在已经被微软霸占了。所以,为了维护自身的利益,这两家公司必然会联合起来，一致对外。

真正让人们感到震惊的是，IBM公司和苹果公司竟然决定要共同注册成立两个联营公司——塔利根特和卡雷达。其中，塔利根特的主要任务是在苹果以前开发出来的平克项目的基础之上，研制出更加先进的操作系统；而卡雷达的主要任务则是研制出一种同时具有声像、文本和影像等多种功能的个人多媒体计算机。

对于IBM公司和苹果公司的这次大举动，比尔·盖茨和微软公司并没有太多的表态。在一次业务研讨会上，比尔·盖茨甚至十分大度地说道："IBM公司与苹果公司的联合对于整个计算机行业的发展是一件好事情，因为在计算机这个行业，各企业和组织只有实现良好的合作，才能够做出更多、更大的成绩来。"当提到IBM与苹果联合对微软造成的影响的时候，他以一种开玩笑的口吻说道："对微软而言，IBM和苹果联合也是一件很好的事情，因为这样我们就少了一位竞争对手了。"

即使是在IBM公司与苹果正式结盟的当天，比尔·盖茨表面上仍然看起来非常平静，在第二天，他还参加了微软公司为庆祝美国国庆节而举办的聚会。在聚会上，比尔·盖茨会见了华纳公司的老板，与他兴奋地探讨了很多数学问题。另外，他还会见了《华盛顿邮报》的老板及一些政治界人物

第二十一章 来自IBM和苹果的威胁

和新闻界人物。他看起来非常愉悦,似乎丝毫没有受到IBM与苹果结盟的影响。

成长加油站

在微软取得辉煌的成绩之后,比尔·盖茨并没有得意忘形,而是发表了微软公司发展状况备忘录,客观地分析了微软未来可能会遇到的压力和危机,比尔·盖茨的这种做法就是"居安思危"。我们在学习和做事过程中也要像比尔·盖茨一样,不被已有的成绩迷惑,发现存在的问题,并积极寻找解决方法,不断推动事物向前发展,以取得更大的成就。

延伸思考

1. IBM公司和苹果公司原本是竞争对手,为什么会结成同盟?

2. 对于IBM与苹果联合这件事,比尔·盖茨的态度如何?

第二十二章 低调的比尔·盖茨

1995年,比尔·盖茨39岁。在这一年,他凭借着个人129亿美元的巨额财富,成功登上了《福布斯》全球亿万富翁排行榜榜首的宝座。2017年,比尔·盖茨的个人财富已经达到了900亿美元,蝉联了《福布斯》财富榜第一,这也是他迄今为止第18次占据《福布斯》全球富豪排行榜榜首位置。从当初辍学创立微软,到成为世界首富,比尔·盖茨只用了短短20多年的时间,因此他在美国也被称为"坐在世界巅峰的人"。

比尔·盖茨虽然拥有那么多财富,享受着世界各地人们的尊敬,但是,他并没有因此而得意忘形,仍然过着和以前一样的生活,对工作充满热情。甚至,相较于"世界首富"这个头衔,他更喜欢"软件产业的卓越开发

2014年,比尔·盖茨位于福布斯富豪榜榜首

者与领导者"。比尔·盖茨的一位朋友回忆说:"有一天我在街上遇到了比尔·盖茨。一开始,我竟然没有认出他来,因为他的穿着打扮看起来根本就不像是一个富人的风格,而且他也没有带随从。当他主动走到我面前,跟我打招呼的时候,我才认出他来。"

一次,比尔·盖茨受邀去参加一个会议。为了表示对他的尊重,会议主持人就为他租了一辆高级轿车。比尔·盖茨拒绝了主持人的好意,坚持乘坐一辆普通的汽车去参加会议。

比尔·盖茨一生中做过的唯一一件比较张扬的事情就是建造豪华别墅。早在1984年的时候,比尔·盖茨就已经产生了按照自己的喜好来打造家庭环境的想法。按照他的想法,房间里应该有先进的显示器,以方便放映影片、播放音乐,而且还要有一台能够操控家里所有设备和装置的电脑。但是,这并不属于铺张浪费行为,因为比尔·盖茨似乎是在修建一个计算机智能家居应用中心,以便将现在和未来的家庭计算机技术向人们展示出来。

比尔·盖茨一直向人们强调,自己并不是为了挣钱才拼命工作的。对于他所拥有的巨大财富,他曾说:

比尔·盖茨的家

电脑天才比尔·盖茨

"我只是这笔财富的保管者，而不是占有者。我必须要找到一个恰当的方法来使用这笔财富……"而他找到的使用这笔财富的最好的方法就是进行公益事业。

比尔·盖茨之所以想到要进行公益事业，一方面是受到父亲的影响，另一方面是非洲之行给他带来的巨大震撼。1993年，他和后来成为他的妻子的梅琳达一起到非洲旅游。当他来到非洲，看到当地穷苦落后的生活状况时，内心非常感慨。他不停地在内心问自己："为改变非洲的这种状况我能做些什么呢？"父亲知道儿子的苦恼之后，对他说："你可以建立一个基金会，通过开展慈善活动，帮助那些贫穷国家和地区的人们。"于是，曾经以"吝啬鬼"出名的比尔·盖茨这次竟然拿出9400万美元建立了一个基金会。比尔·盖茨为这个基金会起名为比尔及梅琳达·盖茨基金会。

比尔及梅琳达·盖茨基金会是盖茨教育基金会和威廉·盖茨基金会合并而成的。盖茨教育基金会主要是通过建立公共图书馆，让更多的人能够有机会使用科技产品，而威廉·盖茨基金会则主要侧重于改善全球卫生保健情况。比尔及梅琳达·盖茨基金会总部设在西雅图，总资产达到300多亿美元，涉及领域非常广泛，包括医疗保健、图书馆建设、教育及社区服务等，是世界上最大的慈善基金会。

2004年，在比尔及梅琳达·盖茨基金会成立3年之后，比尔·盖茨又做出了一个令世人震惊的举动——将30亿美元的微软股票红利全部投到比尔及梅琳达·盖茨基金会。因为这一举动，比尔·盖茨也被誉为"世界上最乐于慈善事业

第二十二章　低调的比尔·盖茨

的人"。

比尔·盖茨不仅在日常生活中平易近人、乐善好施，在工作中也是一个非常随和的人。虽然他将那么大的一个微软公司管理得井井有条，但在他身上，完全看不到大公司总裁的架势与威严。相反，他会尊重每一位员工的意见，并虚心接受别人提出的不同意见和建议。

1995年，比尔·盖茨做出从浏览器领域撤出的决定。但

比尔·盖茨和妻子梅琳达到非洲进行慈善活动

是，他的这一决定很快就遭到了员工们的强烈反对，有人甚至直接在邮件中对比尔·盖茨说："您的这个决定是错误且非常危险的。"比尔·盖茨认真思考了员工们提出的反对意见，然后写了一篇叫《互联网浪潮》的文章。在文章中，他诚恳地承认了自己的错误，及时对微软公司的发展方向进行了调整。后来，他还提拔那些提出反对意见的人担任公司重要部门的负责人。

比尔·盖茨虽然不太注重自身享受，但对员工非常关心，不仅提高员工的福利，为员工营造良好的工作环境和氛

围,还非常关心员工的健康。他知道员工尤其是程序员工作非常辛苦,有时甚至不分白天黑夜地工作,所以他经常要求大家在工作之余,要经常进行身体锻炼。另外,他还为每一位员工办了一张免费的体育俱乐部会员证。员工拿着这张会员证,随时可以到附近的一家体育俱乐部去锻炼。

成长加油站

俗话说:做事要高调,做人要低调。不管你有多少财富和多大的能力,都不要太过张扬、高调,否则会引起别人的不满,给自己带来麻烦。但是在做事情的时候,我们也不要畏首畏尾,要按照自己的计划,放开手脚,大胆去做,这样我们才能够实现自身的理想和价值,也才能为社会创造财富。

延伸思考

1. 比尔·盖茨为什么要开展慈善事业?

2. 我们从比尔·盖茨身上能学到哪些可贵的品质?